# LES PRINCIPES DE 1789

ET

# LA LIBERTÉ DE LA PRESSE

Abbeville. — Imp. P. Briez.

# LES PRINCIPES DE 1789

ET LA

# LIBERTÉ DE LA PRESSE

EXTRAITS DES CAHIERS DE DOLÉANCES

DES TROIS ORDRES DE TOUTES LES PROVINCES

DE FRANCE

avec

## UNE INTRODUCTION

~~~~~~~~~

PARIS

ALPH. LEMERRE, PASSAGE CHOISEUL, 47

ET CHEZ TOUS LES LIBRAIRES

—

1867

# INTRODUCTION

___

Tout le monde parle des principes de 1789, mais qui de nous les connaît?

Parmi les écrivains même dont le métier est l'étude des questions politiques, l'ignorance des doctrines de la Révolution est générale.

On sait confusément qu'il y a quatre-vingts ans, la France voulut se donner un régime définitif, fécond comme la liberté, éternel comme la justice, et faire revivre ces titres, longtemps perdus par l'esprit humain, que Rousseau et Montesquieu avaient retrouvés. On sait encore que l'admirable enthousiasme de nos pères fut noyé sous des flots de sang, qu'à leur juvénile ardeur succéda vite un découragement profond, et que, la lé-

gèreté du caractère national aidant, le culte des idées
fut soudain délaissé ; celui des intérêts matériels et pro-
chains reprit en un moment son empire ; il se fit volon-
tiers le complice de cet engouement pour les hommes
qui dominent la foule, prompt toujours à s'étendre,
parce qu'il coûte peu d'efforts, qu'il dispense de virilité
dans la parole et dans l'action et qu'il a une conquête
assurée chez les intelligences incultes et les cœurs
simples.

Au milieu des ruines, un seul débris est resté debout,
qui est le souvenir d'une grande pensée. La mémoire
des hommes de 1789 est demeurée chère à la nation
qui n'a pas su garder leur foi. Elle revendique encore
un héritage qu'elle sait précieux, et la nécessité subsiste
en France pour tout gouvernement nouveau d'invoquer
une tradition qui conserve les sympathies populaires. Il
inscrit en tête de sa constitution les principes de 1789.
Et il passe outre.

Le peuple français se contentera-t-il à tout jamais d'un
stérile hommage et nos écrivains politiques de notions
vagues ? L'espoir que nous avons du contraire nous a
inspiré l'idée de ce livre.

Au moment où va s'ouvrir la discussion d'une loi,
attendue depuis quinze années, qui doit former le Code

de la *Presse*, il paraît impossible d'oublier, de méconnaître encore une fois les principes qu'acclamait la France de 1789, et sous l'égide desquels s'abrite le régime issu des faits de décembre 1851.

Ces principes, les constituants en ont donné fidèlement la formule dans une déclaration laconique: *La liberté.* Tel en est bien l'esprit. Le corps même de la doctrine réside dans les *cahiers* des Trois-Ordres.

Ce sont ces cahiers que nous donnons aujourd'hui au public. Non pas seulement ceux de la Noblesse, du Tiers, du Clergé, c'est-à-dire des classes riches, influentes et lettrées. Au dessous de ces catégories aristocratiques qui dominaient la société, et avaient la main dans son gouvernement, derrière le Tiers-État officiel qui représentait la bourgeoisie urbaine et rurale, se groupèrent toute une multitude de petites communautés qui eurent leur part au mouvement national. Les assemblées préliminaires de la Provence, du Parisis, en fournissent de frappants témoignages. Ainsi, on peut le dire, c'est la voix du pays tout entier qui se fit entendre à cette mémorable époque, c'est un suffrage universel, spontané, dégagé de toutes entraves, de tout programme, illimité dans l'expression de ses vœux, qui

proclama en ces jours solennels cet arrêt de sa volonté
souveraine :

*Liberté de la* **Presse.**

Jamais peut-être la France n'eut une plus belle occasion de manifester sa sagesse et ses volontés et, il faut
l'avouer, nos pères surent mettre dignement à profit
ces circonstances exceptionnelles.

Depuis de longues années le peuple n'avait pas été
admis à donner son avis sur les principes du gouvernement, les réformes à introduire, les abus à corriger.
On pouvait craindre de lui les hésitations, les timidi-
tés d'une nation longtemps tenue dans une tutelle hu-
miliante.

Mais les circonstances ont subitement élevé ces opprimés à la hauteur de leur mission. Leur langage n'a
pas d'incertitude ou de faiblesse ; il est précis, fier,
tranquille et absolu en même temps. Le peuple connaît
ses droits ; il les réclame avec cette confiance sûre
que donnent la justice unie à la modération et les con-
victions sincères.

La France a-t-elle eu depuis cette époque, l'occasion

d'exprimer ses idées d'une manière aussi complète,
aussi radicale? On ne saurait le prétendre. Les cahiers
des doléances de 1789 restent donc la manifestation
des souhaits et des volontés de la pluralité des citoyens
jusqu'à ce qu'on ait provoqué une nouvelle expression
aussi libre, aussi étendue et aussi universelle de leurs
vœux et de leurs plaintes.

Les questions les plus ardues sont résolu-
ment abordées dans ces immortels *Cahiers*. Bien
des idées qu'on tient encore pour des témérités ou
des utopies ne les effrayèrent pas. Vingt ou trente villes
au moins réclament formellement l'établissement de
véritables *ateliers nationaux*, où les ouvriers sans travail trouveront de l'ouvrage et les pauvres du pain.
Ainsi c'est à eux qu'il faut remonter toujours pour dé-
couvrir l'origine et la base de tous les principes de la
société moderne. Ils ont tout prévu, tout discuté, porté
partout la lumière de la raison et de l'expérience. Ils
méritent donc entièrement notre respect et notre confiance, et dans une question aussi grave que celle de la
presse ils doivent obtenir une autorité singulière.


Ce n'est pas ici le lieu d'exposer le mécanisme assez

compliqué qui présida à la convocation des États-Généraux. Autant que possible, l'administration s'attacha
aux anciens errements. Elle avait à ménager de vieux
priviléges et des susceptibilités locales. Certaines villes,
certains pays furent admis à la députation directe. Les
autres, sous le nom de bailliages secondaires, durent se
soumettre à l'élection à deux degrés, et furent réunis à
des bailliages dits principaux. Mais presque tous rédigèrent à part leurs cahiers.

Il en fut de même dans nombre de communautés ru-
rales. Les extraits que nous offrons au lecteur sont puisés
à toutes ces sources. Nous n'avons sciemment négligé
aucun des vœux, fût-ce celui de la plus humble paroisse,
qui forment une masse de plusieurs milliers de docu-
ments.

Nous remettons donc entre les mains du public
l'ensemble le plus imposant des doctrines de la Révolution, en ce qui touche le régime de la *Presse*.
Le tableau serait complet si le gouvernement de
Louis XVI n'avait rencontré dans quelques provinces
des résistances dont il ne put triompher. Un inci-
dent se produisit alors, assez analogue à celui qui
paralysa si longtemps de nos jours la monarchie au-
trichienne. Certains pays revendiquèrent avec éclat

leur indépendance traditionnelle et leurs antiques libertés. Des courants opposés, les uns contraires, les autres favorables aux idées de réforme, entravèrent l'action du pouvoir central.

En Bretagne, en Franche-Comté, la Noblesse refusa de s'associer à des délibérations dont la forme violait, disait-elle, ses droits.

Ailleurs, en Dauphiné, les *États*, devançant les résolutions que sanctionna le serment du jeu de Paume, se réunirent tumultueusement en 1788 et ne voulurent plus répondre à l'appel qui leur fut adressé l'année suivante.

Ces petites émotions se perdirent dans le fracas des événements, et si la France eut une Vendée, elle n'eut pas de Hongrie. Mais les abstentions systématiques, dont elles furent le résultat sont pour nos *Cahiers* la cause de regrettables lacunes. Une autre source d'omissions provient soit de la négligence apportée par les officiers des bailliages et par les secrétaires des assemblées dans leurs rapports avec le Garde des Sceaux et avec le Contrôleur général des finances, soit des pertes inévitables que le temps fait subir aux Archives les mieux gardées, soit enfin des inadvertances que comporte le dépouillement d'aussi volumineuses instructions.

A coup sûr le nombre des oublis qui nous sont impu-
tables est fort restreint ; et ils ne sont pas de nature à
modifier profondément les conclusions qui vont suivre[1].

En 1789, comme de nos jours, deux systèmes opposés se trouvent en présence.

D'un côté, la liberté avec toutes les réserves que comporte la prudence. De l'autre, l'intolérance, la prohibition.

Symptôme remarquable, mais qui ne surprendra aucun des hommes instruits des choses de la Révolution!
Loin de rester en arrière du Tiers-État, la Noblesse le
devance souvent par l'élévation, la largeur des idées, et
marche au premier rang. En général, elle pose hardi-
ment le principe de la liberté, tandis que, si la Bourgeoisie l'admet, c'est quelquefois avec une certaine
timidité.

Ainsi ces deux ordres acceptent, réclament même

[1] Le travail de la rédaction des Cahiers se fit simultanément dans
toute la France. Tous ceux qui sont datés (et le nombre de ceux qui
ne portent pas de date est relativement fort restreint), furent rédigés
du 15 au 31 mars 1789.

universellement la liberté de la presse. Les dissidences qui se font jour dans leurs cahiers ne constituent que de légères nuances dans cet accord unanime. Nous signalerons plus loin les points notables parmi les demandes les plus caractéristiques.

Quant au Clergé, il se prononce presque tout entier pour le système opposé. Cela se comprend : il ne pouvait agir autrement. Lui-même, il en fait l'aveu. Gardien séculaire du principe d'autorité et des doctrines de la foi, il ne saurait admettre l'examen des vérités qu'il professe et dont il vit. Qu'on ébranle quelque article fondamental de ses croyances et tout le corps est mis en péril. Les mots *tolérance et foi* sont incompatibles, et les vieux croisés du moyen-âge, les grands *massacreurs* de l'Albigeois sont autrement logiques que nos modernes catholiques libéraux.

Aussi suffit-il de lire un des vœux du clergé pour les connaître tous. Partout, il demande « *qu'on oppose une digue puissante à la licence effrénée de la presse.* » Dans toutes les provinces règne le même esprit. A peine, çà et là, trouverait-on quelques doléances du Clergé, où la Liberté de la Presse est admise « *pourvu qu'on y apporte les restrictions indispensables au maintien de la foi et de la relijion.* » On sait ce que veut dire ce langage.

Cette modération relative est le fait d'une insignifiante minorité dans le nombre des cahiers.

Parfois les électeurs ecclésiastiques d'un bailliage, plus éclairés ou plus clairvoyants que leurs confrères, tout en condamnant l'avènement des principes nouveaux, en prévoient le triomphe et prennent en conséquence leurs précautions. On lit dans le cahier de Lyon : « *Que si l'on jugeait à propos d'étendre la Liberté de la Presse, ce que l'ordre du clergé ne saurait désirer, elle ne soit tellement illimitée qu'elle puisse nuire à la religion, etc...* »

Une pareille perspicacité est rare chez les classes arrogantes et confiantes encore dans leur vieux prestige. Aussi le plus grand nombre des cahiers contiennent exclusivement des violences et des excès de langage sous lesquels se déguisent mal une peur immense et une haine profonde. Il serait facile d'en multiplier les exemples. Qu'il nous suffise d'en citer un. Prenons les doléances du clergé de Lectoure : « *Représenter combien il est nécessaire et instant de prendre les mesures les plus efficaces pour arrêter les progrès du dépérissement de tous les principes civils, religieux et moraux, occasionnés par cette multitude scandaleuse d'ouvrages où règne l'esprit de libertinage, d'incrédulité et d'indépendance,* où on attaque avec tant de témérité et d'impunité la foi, la pudeur, le trône et l'autel. »

Très-souvent le Clergé demande l'application des anciens règlements. A ce propos il indique quelquefois des expédients assez curieux pour être rapidement passés en revue.

Celui de Mantes et de Meulan réclame purement et simplement un retour à l'Inquisition; il voudrait « *qu'on établît, surtout dans la capitale, un comité ecclésiastique (par exemple la Faculté de Théologie) chargé de veiller à l'exécution des lois contre la Presse et autorisé à dénoncer ces sortes d'ouvrages au Ministère public après les avoir examinés, en avoir analysé les erreurs et les avoir combattues par une réfutation sommaire.»* Appliquez le dernier article à la presse politique quotidienne et le *communiqué* est trouvé.

D'autres vont plus loin. La condamnation des ouvrages coupables ne leur suffit point, il leur faut « *des corrections humiliantes pour les auteurs* » (Montargis). Encore un pas et nous arrivons à la torture et à la mort.

Le Clergé d'Amiens a presque compris la nécessité d'un *Jury* spécial. Il est vrai qu'en le formant à sa manière, il en fait un instrument d'oppression, plutôt qu'une garantie de liberté. Toutefois, « *cette Chambre composée*

*d'un magistrat intègre, d'un homme de lettres incorrup-*
*tible et d'un théologien exact qui motiveront leur jugement»*
à laquelle il défère l'inspection suprême de la Presse
est bien préférable encore au tribunal draconien
imaginé par le Clergé de Mantes.

En résumé, le Clergé, fidèle à ses principes et à ses
habitudes, n'a qu'un vœu, sous quelque forme qu'il se
présente : multiplier les entraves, les prohibitions, en un
mot : tuer la Presse.

Aussi n'a-t-on accordé dans ce livre que la dernière
place aux vœux de cet Ordre. Ils n'ont guères pour nous
qu'un intérêt historique. Les aspirations véritables de la
France de 89 se révèlent dans les cahiers de la Noblesse
et du Tiers.

Il importe ici de prévenir une objection. Les journaux
jouent un si grand rôle à notre époque que les lois sur la
Presse semblent faites particulièrement pour eux. Or en
1789, la France avait peu ou point de journaux. Donc les
raisonnements et les aspirations de nos pères n'ont plus
aujourd'hui leur application. Il y aurait dans ce jugement une double erreur. Le débat soulève en effet deux
questions, une question de fait, une question de principe.

Quant à la question de principe, elle n'a point changé.
L'homme, à qui personne ne conteste la liberté de penser,

a-t-il le droit de manifester publiquement sa pensée sans
restriction et sans entraves ? Oui, très-évidemment. Ces
deux libertés sont si étroitement liées entre elles qu'il
est impossible de les disjoindre, de gêner l'une sans at-
tenter à l'autre. La question de fait se résout d'elle-même.
Si le journal quotidien n'avait pas encore au dix-huitième siècle l'immense influence qu'il a acquise , les
factums, les libelles, les mémoires en tenaient lieu. La
France d'ailleurs comprenait si bien ce qui lui manquait
et séparait si peu le journal du livre imprimé et du libelle
que, dès l'ouverture des États-Généraux, de nombreuses
feuilles politiques apparurent à la fois et obtinrent aussi-
tôt un prodigieux succès.

Examinons les principes posés dans les cahiers. Nous
avons dit qu'il n'était pas nécessaire d'établir une distinction entre le Tiers et la Noblesse. Tous deux tendent
au même but.

Plusieurs demandent « *la liberté indéfinie de la Presse* »
sans plus d'explications, et pour rappeler un mot fameux:
*sans phrases*. Parmi ceux-là se distingue le cahier de
Mirabeau, en Provence. En cela ce pays, comme le Dauphiné, témoigne d'un esprit singulièrement avancé. Dans
la sénéchaussée d'Aix, le nombre des paroisses qui exigent la liberté sans restrictions est relativement considé-

rable. Elles appuient leurs vœux sur des considérations d'une grande force. Cette liberté est réclamée par elles comme pouvant seule assurer toutes les autres libertés ; ou bien aussi ils la déclarent partie intégrante de la liberté personnelle.

Notons-le en passant, les cahiers de 1789 cherchent presque tous le principe essentiel de la Constitution, objet de leurs vœux, dans la reconnaissance de la liberté *individuelle*, et pour beaucoup de bailliages la liberté de la presse se présente comme une conséquence nécessaire, un corollaire inséparable de cette liberté individuelle.

La Provence n'a pas le privilége de ces rédactions impératives. Le Tiers-État d'Angers demande lui aussi « *la liberté entière et indéfinie.* » Ailleurs ( Lectoure, Orléans, Paris hors murs, Provins, Saumur, etc.) le cahier n'est pas moins absolu dans sa concision. La Corse dit tout en quatre mots : *Intiera liberta della stampa.*

La Noblesse appuie souvent la même opinion d'arguments puissants. A Béziers, elle demande que « *la première des libertés de l'homme, celle qui peut seule assurer toutes les autres libertés, en un mot la liberté de penser, soit fondée sur la liberté de l'imprimerie.* » Partout elle se prononce dans un sens favorable à la Presse.

Cependant toutes les provinces et toutes les villes

n'ont pas cette foi hardie qui ne veut plus de bornes à la manifestation publique des idées. Le plus grand nombre admet certaines restrictions.

Qu'on se rassure : ces réserves sont telles qu'on peut les souhaiter pour l'honneur de nos pères. Pleins de confiance en leurs députés, ils remettent à leur expérience, à leur discernement et à leur tact, le soin de poser des limites à la liberté.

La formule « *sous les restrictions que les États-Généraux croiront devoir y apporter,* » avec d'insignifiantes variantes dans la rédaction, est celle qui revient le plus souvent dans les cahiers du Tiers et dans ceux de la Noblesse. Quelquefois un bailliage demande « *la liberté légitime de la Presse*» ou bien « *la liberté de la Presse en tout ce qui ne sera pas contraire à la religion, aux mœurs, et au respect dû à Sa Majesté et à l'État.* » C'est toujours au fond la même idée sous des formes diverses.

On peut dire que *la liberté indéfinie de la Presse* forme l'objet des demandes des esprits les plus avancés, de ces amants passionnés du progrès qui marchent toujours à la tête de la civilisation et frayent les voies de l'avenir. La liberté de la Presse définitivement reconnue en même temps que délimitée par la sagesse des États-Généraux

est le vœu essentiel et unanime des électeurs, Nobles
et Bourgeois.

Une mesure d'ordre public et de police est admise par
la majorité des cahiers, nous voulons parler de la responsabilité de l'auteur. Tout ouvrage imprimé devra être
signé de l'auteur et de l'imprimeur, ou porter au moins
le nom du dernier; non pas qu'on veuille rejeter sur lui
toute la responsabilité d'un écrit anonyme ; mais on
se réserve ainsi le moyen de reconnaître et de retrouver
l'auteur. Nous n'entrerons pas dans le détail des expédients quelquefois bizarres, imaginés par certaines
villes pour concilier l'*incognito* d'un auteur qui veut
rester anonyme avec la nécessité de le déclarer en cas de
poursuite. On les trouvera facilement en feuilletant le
volume.

Voici donc les deux points sur lesquels insistent les
cahiers du Tiers et de la Noblesse :

1° Pleins pouvoirs aux États-Généraux pour rédiger
la loi qui assurera la liberté légitime de la presse.

2° Obligation pour l'auteur et pour l'imprimeur, ou
au moins pour ce dernier, de répondre de leurs ouvrages, chacun dans l'étendue de sa responsabilité.

Sans entrer dans l'examen complexe des expédients
que les difficultés prévues de l'application ont suggérés

aux rédacteurs des doléances, nous devons développer certains points qui conservent encore aujourd'hui un intérêt singulier.

Notons d'abord un trait important : les cahiers admettent la discussion entière des actes du gouvernement. Plusieurs exceptent seulement de ce contrôle la vie intime des particuliers et la conduite privée des gens en place. C'est dire implicitement que toute leur vie publique appartient à l'examen de la Presse. Le Tiers-État de Châlon–sur-Saône demande la liberté de la Presse *«particulièrement pour ce qui concerne l'administration.»*

D'autres cahiers expliquent et développent la pensée des Bourgeois de Châlon. « *La liberté de la Presse*, dit Sens, *est désirable pour les gênes salutaires qu'elle met aux abus d'autorité.* » La Noblesse de Montreuil–sur-Mer s'étend sur cette idée à un point de vue un peu différent. « *Comme il est important, Sire*, dit-elle, *que V. M. soit informée des abus et des désordres qui pourraient se glisser dans l'administration des affaires publiques, et que le passé ne nous a que trop instruits que ce ne sont pas ceux qui approchent le plus près la personne des Rois qui la leur font connaître...* »

Ainsi la Presse est une sauvegarde naturelle contre les abus du pouvoir et les dangers de l'arbitraire. Après

cela, on conçoit que la surveillance de la Presse ne peut
être conférée à ceux-là même qu'elle est chargée de con-
trôler. Aussi l'abolition de la censure est-elle généralement exigée. Le bailliage secondaire de Chalais (Saintes,)
lui fait son procès tout au long : celui de Cusset (St.-
Pierre-le-Moutier) la malmène rudement en nous la
montrant « *ignorante, intéressée et prévenue.* »

Quelques électeurs clairvoyants vont plus loin. Ils pres-
sentent l'importance d'une question devenue prépondé-
rante aujourd'hui, et ils réclament formellement l'institution d'un jury spécial à la presse. Ces demandes sont
extrêmement rares. Mais n'est-il pas d'un haut intérêt de
les voir nettement formulées dès 1789 ?

Le Tiers-État de Versailles, après avoir exprimé son
vœu, ajoute : « *Pour prévenir l'abus que les juges ou
les gens puissants pourraient faire de leur autorité, aucun écrit ne pourra être regardé comme libelle, s'il n'est
déclaré tel par* DOUZE JURÉS, *lesquels seront choisis selon
les formes prescrites par la loi qui interviendra sur cette
matière.* » La suspicion légitime contre un tribunal dépendant par quelque côté de l'autorité qui poursuit l'auteur
se trouve hautement dénoncée et le remède indiqué.

Le cahier du Tiers-État de Nîmes n'est guère moins
expressif. Il s'en rapporte aux États-Généraux pour les

moyens de prévenir les abus de la presse, « *sans néanmoins*, ajoute-t-il, *qu'en aucun cas la connaissance puisse en être attribuée aux* **Cours** *à moins qu'il n'y ait partie civile plaignante.* »

Ainsi, dès 1789, l'institution d'un jury pour la presse
est proposée, sinon déjà reconnue, comme la seule garantie sérieuse de l'indépendance et de la sécurité des écrivains. Deux voix, il est vrai, ont seules proclamé l'in-
compétence des tribunaux ordinaires. Qu'importe leur
nombre ? Le principe a été consacré par elles. Et
d'ailleurs tous les cahiers où est inscrite la demande de
la liberté entière et illimitée de la presse, ne vont-ils pas
bien au-delà de l'institution d'un jury spécial ?

Que si nous établissons un rapprochement entre les
vœux des électeurs de 1789 et nos propres besoins, combien de progrès nous reste-t-il encore à réaliser pour
atteindre l'idéal entrevu par nos pères et nettement
formulé dans leurs cahiers de doléances ?

Résumons-les en quelques mots, ces vœux qui sont
encore les nôtres :

1° Établissement d'un jury spécial pour les délits de
presse.

2° Suppression de la nécessité d'une autorisation,
espèce de censure préalable par laquelle sont appréciés

arbitrairement les antécédents du postulant et la confiance qu'il mérite.

3° Suppression du cautionnement et du timbre, mesures fiscales dont l'application temporaire peut être
abandonnée au vote annuel des représentants de la nation, mais ne doit pas être livrée comme une arme au
pouvoir exécutif, et qui, dans un pays de souveraine
égalité, relèvent dans la richesse un privilége, dans l'in-
digence une servitude.


Si le livre que nous offrons au public lui paraît avoir
la saveur d'un fruit nouveau, certes l'occasion est légitime de s'étonner. Comment les *cahiers* de 1789 n'ont-ils
pas été depuis longtemps l'objet d'une codification?
Dès l'époque de leur apparition, certaines *assemblées*
en exprimèrent le vœu. Un homme qui eut de remar-
quables qualités d'administrateur et qui paya de la vie
son court passage au pouvoir, M. de Lessart, en tenta
l'entreprise. Le travail dont il chargea Rondonneau est
resté à l'état d'ébauche informe. Celui, qu'avec sa pro-
digieuse activité d'esprit, Camus parvint à mener jusqu'au bout en moins de deux ans, et qui produisit cette
splendide collection de 277 volumes in-folio, un des

trésors de nos archives nationales, suffit à l'honneur de
son nom. Mais son ouvrage est resté manuscrit et l'in-
tention qu'il eut d'en donner une de ces excellentes ana-
lyses dont il enrichit les délibérations de la Constituante,
de la Législative et de la Convention et qui révélaient
les aptitudes du véritable archiviste, fut entravée par des
fonctions publiques fort militantes, les obstacles de la
captivité et arrêtée par la mort qui l'enleva avant la
maturité de l'âge.

Depuis, un jurisconsulte qui manqua parfois de fer-
meté dans le caractère, et que les atteintes d'une mala-
die sans remède encore plus que celles des années en-
traînèrent à quelques erreurs de jugement, mais qui
avait le goût de l'étude et l'amour du bien, voulut re-
prendre la tâche inachevée de Camus. Il n'en eut point
le temps.

M. Chassin commença la préparation d'une vaste publication dont la première partie a paru il y a quelques
années sous le titre trop ambitieux : *Le Génie de la Révolution.* Malheureusement son récit s'arrête précisément
à la discussion du régime de la presse. Malheureusement aussi l'entreprise à laquelle il a consacré d'esti-
mables études n'a pas eu tout le retentissement dont elle
était susceptible, et sans préjuger le succès qu'elle peut

avoir dans l'avenir, il faut avouer que le plan de l'ouvrage pourrait être meilleur, le style plus nerveux, le ton
moins déclamatoire, l'exposition moins confuse. Ce qui a
manqué jusqu'ici à M. Chassin c'est surtout le sang-froid
la mesure, l'impartialité, le sens critique en un mot.

Enfin, depuis quelques mois, deux bibliothécaires du
Corps Législatif s'occupent avec beaucoup d'ardeur d'une
compilation qui après avoir pris pour point de départ les
débats des Chambres du premier Empire, paraît devoir
bientôt remonter à ceux de nos grandes assemblées nationales.

En même temps et conseillées sans doute par la faveur avec laquelle ont été accueillis de bons travaux
exécutés en province sur l'époque révolutionnaire, certaines personnes, qui jusqu'alors n'avaient exploité la
grande collection de Camus que pour en tirer des listes
de Noblesse [1], se jettent à leur tour sur les cahiers de
1789.

---

[1] Le second Empire ayant rétabli les titres nobiliaires qu'avait abolis
la République de 1848, beaucoup de gens ont été obligés de faire vé-
rifier des qualités ou des dénominations souvent douteuses. De là
l'emploi des procès-verbaux constatant la présence de tel ou tel per-
sonnage dans les Assemblées de 1789 pour l'ordre de la *Noblesse*. Encore aujourd'hui le *Conseil du Sceau* se contente de cette preuve. En
fait, elle nous paraît insuffisante pour des motifs dont la déduction ne
serait pas ici à sa place. Disons en passant qu'elle est seulement, ou

Puisse le mouvement intellectuel [1] qui commence à se manifester, grandir, s'étendre de proche en proche, gagner la nation entière, et la France rentrera en possession de ces principes de 1789, qu'elle proclame immortels, mais dont elle ignore encore, après quatre-vingts ans, la doctrine aussi bien que la pratique !

un indice, ou une preuve surabondante, inutile dans la plupart des cas, frivole dans les autres. Elle a donné lieu, depuis dix ans, à de nombreuses spéculations de librairie.

[1] Nous ne doutons point qu'il ne se dégage promptement des éléments impurs que nous devions signaler.

# TIERS ÉTAT

# TIERS ÉTAT

*Abbeville.*

Art. 3. Que tous les citoyens jouissent de la liberté de la presse, sous la seule obligation à l'auteur de signer son manuscrit, et à l'imprimeur de mettre son nom à l'ouvrage.

*Agen.*

Les progrès des connaissances exigent la liberté légitime de la presse. On devrait donc statuer que tout ouvrage imprimé portât le nom de l'auteur ou de l'imprimeur qui, à défaut de l'auteur, répondrait à la nation des inconvénients qui résulteraient des écrits licencieux ou contraires aux mœurs publiques.

*Aix.*

§ 2. Constitution. On accordera la liberté de la presse [1].

---

[1] Outre le cahier rédigé par les délégués de toutes les villes faisant partie de la sénéchaussée d'Aix, sont parvenus jusqu'à nous un grand nombre de cahiers des villes, villages ou communautés de la Provence. Nous n'en avons pas moins de 115. Parmi ces cahiers, il en est 43 qui ont consacré un article spécial à la liberté de la presse. Nous avons cru devoir rapporter les opinions de ces 43 villes ou communautés à la suite du résumé de toutes ces doléances locales contenu dans les cahiers de la sénéchaussée d'Aix. Il va sans dire que toutes ces doléances représentent les vœux du Tiers État ou, comme ils s'intitulent souvent, des pères de famille de chaque communauté. Parmi les cahiers qui ne font pas mention de la liberté de la presse, un certain nombre réclame

## *Gardanne.*

Art. 7. La liberté de la presse sera déclarée faire partie de la liberté personnelle. (Cet article et le précédent sont copiés sur ceux du cahier de Carri et le Rouet. V. plus haut ce cahier.)

## *Gemenos.*

Art. 21. La liberté de la presse sous telle précaution qu'il appartiendra.

## *Guiasservis.*

Art. 19. Que la liberté de la presse n'éprouvera plus aucune gêne, sauf les réserves qui pourront être faites par les États-Généraux, et sauf à répondre des écrits répréhensibles après l'impression, suivant l'exigence des cas.

## *La Ciotat.*

Art. 18. Liberté de la presse : Que la liberté soit accordée à la presse et la censure préliminaire abolie ; mais que les particuliers ou gens en place qui se trouveraient attaqués ou lésés dans un écrit, même dans les plaidoyers des avocats imprimés, puissent se pourvoir par devant les juges de droit contre les auteurs et imprimeurs ; que les ouvrages contraires aux bonnes mœurs soient condamnés et proscrits par les tribunaux, et les auteurs et imprimeurs poursuivis s'il y échoit ; que ceux qui seront contraires à la religion soient censurés par ses ministres et condamnés par la justice, mais sans recherche ultérieure contre leurs auteurs ; que ceux qui roulent sur le gouvernement jouissent d'une entière liberté pour la spéculation, la discussion des lois, des projets et des opérations ministérielles, et ne puissent être dénoncés et poursuivis que dans le cas où ils contiendraient de fausses accusations ou s'écarteraient du respect dû à la Majesté Royale.

## *Lançon.*

Art. 15. Les députés demanderont qu'il ne puisse pas être

attenté à la liberté individuelle des citoyens sans l'observation des formes qui seront indiquées par les États-Généraux.

Ils solliciteront la liberté de la presse, sauf les réserves dont elle peut être susceptible.

### La Penne.

La liberté de la presse à la charge par chaque auteur de souscrire son ouvrage.

### Lauris.

La liberté de la presse.

### Le Plan d'Haups.

Que la liberté de la presse soit accordée pour tout ce qui ne sera pas contraire à la religion, au respect dû au roi et à la famille royale, aux bonnes mœurs et à l'honneur des citoyens.

### Lorgues.

Que la liberté de la presse sera indéfiniment accordée, comme le seul moyen de faire parvenir à l'oreille des Rois les demandes et les plaintes de leurs sujets de tous les ordres.

### Mallemort.

La liberté de la presse sauf les réserves dont elle peut être susceptible.

### Marignane.

Art. 6. La liberté individuelle de tous les sujets du roi sera déclarée inviolable et la liberté de la presse sera reconnue et adoptée.

### Martigues.

Art. 15. Ils exigeront que la liberté entière de la presse soit accordée, sauf à rendre tout auteur responsable de son ouvrage,

ou tout éditeur ou imprimeur si l'ouvrage est posthume ou anonyme.

### Mérindol.

Art. 4. Il ne servirait de rien que l'homme fût libre physique-
ment et civilement si les opérations de son âme étaient gênées,
puisque bientôt, par l'effet de ce despotisme qu'on exercerait sur
sa pensée, on ne manquerait pas de l'asservir et d'en faire un au-
tomate, mais la liberté de la presse lui donnera les moyens de
démasquer les oppresseurs et les oppressions dont il serait la vic-
time et l'objet.

### Mirabeau.

Art. 5. La liberté indéfinie de la presse.

### Miramas.

Art. 7. La liberté de la presse en tout ce qui n'intéressera pas
la religion, les mœurs, et le respect dû à Sa Majesté et à l'État.

### Peipin-lès-Auriol.

Art. 22. La liberté de la presse, sous telle précaution qu'il appartiendra.

### Pelisanne.

Art. 13. Les députés demanderont qu'il ne puisse pas être attenté
à la liberté individuelle des citoyens sans l'observation des formes
qui seront indiquées par les États-Généraux.

Ils solliciteront la liberté de la presse sauf les réserves dont elle
peut être susceptible.

### Bureau de Pertuis [1].

Art. 5. Liberté indéfinie de la presse, sous la police que les
États-Généraux aviseront.

---

[1] Le bureau de Pertuis était composé de la réunion de quinze communautés
dont chacune d'ailleurs avait rédigé un cahier particulier. On voit que la ville
de Pertuis eut aussi son cahier pour elle seule.

*Ville de Pertuis.*

Art. 3. La liberté de la presse sous les modifications nécessaires.

*Peynies.*

Art. 2. La liberté de la presse.

*Peyrolles.*

Art. 25. La liberté de la presse comme faisant partie de la liberté individuelle; chacun doit pouvoir disposer de son opinion. Elle servira à propager les lumières.

*Porcioux.*

Administration du royaume : Art. 31. La liberté indéfinie de la presse avec la seule précaution d'exiger la signature des auteurs et de les rendre judiciairement responsables de leurs écrits.

*Puget-lès-Lauris.*

Demander la liberté de la presse à laquelle les communes des campagnes doivent leurs lumières.

*Rousset-lès-Aix.*

Art. 2. Que la liberté de la presse soit accordée, en prenant néanmoins les précautions nécessaires pour en imposer à la licence et prévenir les abus.

*Saint-Chamas.*

Demandes générales : La liberté de la presse en tout ce qui ne sera pas contraire à la religion, aux mœurs et au respect dû à Sa Majesté et à l'État.

*Saint-Julien le Montagnier.*

Art. 38. Que la liberté de la presse n'éprouvera plus aucune gêne.

### Simiane.

Art. 3. Que la liberté de la presse soit accordée, en prenant néanmoins les précautions nécessaires pour contenir la licence et prévenir les abus.

### Sue.

Établir la responsabilité des ministres, la liberté de la presse et l'abolition des lettres de cachet comme lois fondamentales.

### Ventabres.

Art. 21. La liberté de la presse sur tous les objets, autant que les ouvrages imprimés ne seront pas anonymes.

### Vernegues.

Art. 16. Qu'on donne à l'imprimerie et à la librairie toute liberté.

### Vinon.

Art. 39. Que la liberté de la presse n'éprouve plus aucune gêne.

### Vitrolles d'Aigues.

Art. 15. La presse sera rendue libre, sauf aux auteurs et imprimeurs d'être responsables de tout ce qu'ils pourront publier de contraire à la religion, aux mœurs, au respect dû au souverain et à la nation et d'injurieux aux particuliers.

### Vitrolles-les-Martigues.

Art. 46. La liberté de la presse sur tous les objets, autant que les ouvrages imprimés ne seront pas anonymes.

### Alençon.

Chapitre 2. Constitution Nationale : Art. 7. La nation ayant intérêt d'être avertie de tout ce qui pourrait porter atteinte aux principes constitutifs ou intéresser le bien public, il a été arrêté u'on demandera la suppression des censures et la liberté de la presse [1].

Art. 8. Que la liberté de la presse soit sollicitée avec telles modifications que les États-Généraux jugeront nécessaires.

## Amiens-Ham.

Seconde partie. De la police générale du royaume : Art. 4. La nécessité de propager les lumières, l'utilité d'une censure publique qui éclaire la conduite des hommes, épure les mœurs, arrête les injustices ou venge les opprimés, qui fixe l'opinion sur les administrations en général, les corps et les individus en particulier, tout réclame que la presse soit libre, mais en même temps tout indique qu'il faut prendre des précautions pour réprimer les écrits séditieux et contraires à la religion et aux bonnes mœurs. En conséquence les députés proposeront à l'assemblée des États d'arrêter que la presse sera libre dans tout le royaume ; que tous les priviléges d'imprimerie seront supprimés ; que ceux qui exerceront à l'avenir cette profession formeront des corporations pour constater le temps d'exercice et la capacité des aspirants, et qu'enfin les imprimeurs seront assujettis à ne laisser sortir de leurs presses aucun écrit qu'il ne porte leur nom.

## Angers.

Art. 7. La liberté de la presse sera entière et indéfinie.

---

[1] Un cahier formé des doléances des communautés dépendant du bailliage d'Alençon contient exactement la même demande avec une rédaction presque semblable (art. 6.) Une adresse de la ville d'Alençon au roi contient sur cette question le commentaire suivant: « Par la liberté de la presse sagement ordonnée, vous invitez les hommes de génie à éclairer toutes les parties de l'administration; vous en écarterez les abus.

Les meilleures lois, les plus grands projets d'utilité publique naîtront de ce concours de lumières qui refluera d'un bout de la France à l'autre ; vous rendrez à la nation toute l'énergie dont elle est susceptible, et vous éteindrez en même temps cet esprit d'insouciance pour le bien public qui isole les hommes, et les concentre dans un égoïsme dangereux. »

Que la liberté de la presse soit accordée en défendant les libelles diffamatoires. La république des lettres en peu d'années peut en retirer de grandes richesses par les découvertes les plus heureuses des différents systèmes que chacun pourra mettre au grand jour.

### Angoulême.

La liberté individuelle des citoyens et l'abolition des lettres de cachet. La liberté de la presse, avec les modifications nécessaires_ à l'ordre social.

*Mémoire en forme d'observations de la ville d'Angoulême que les députés du Tiers-État de la dite ville adressent au Ministre des Finances.*

8° Liberté de la presse : La liberté de la presse tient à l'ordre . social et au besoin d'éclairer l'administration ; elle paraît devoir être sans borne pour le bien, mais prohibée pour tout ce qui peut corrompre l'esprit et le cœur.

### Annonai.

Que la liberté de la presse soit accordée.

### Auch.

Art. 24. Pour propager les lumières, liberté de la presse ; et afin qu'elle ne dégénère pas en licence, les auteurs seront obligés de signer leurs ouvrages ; ils seront punis suivant les lois de l'État si leurs écrits sont répréhensibles. Les imprimeurs qui n'auront pas pour garant la signature des auteurs seront punis comme les auteurs eux-mêmes s'ils étaient connus.

### Avesnes.

Art. 6. Qu'en vertu de cette liberté dont l'homme doit jouir dans ses pensées, comme dans son corps et ses biens, la liberté de la presse sera établie avec les modifications que Sa Majesté et les États-Généraux jugeront convenable d'y apporter, surtout pour l'intérêt de l'honneur et de la religion et, sous le même point de vue, on aura pour les lettres confiées à la poste le respect le plus absolu.

## Avesnes.

### Bailliage secondaire de Givet.

Art. 7. On demande la liberté individuelle sans distinction pour tous les citoyens, sans qu'aucun puisse être constitué prisonnier qu'en vertu d'un décret décerné par la justice ordinaire, rendu contradictoirement et après connaissance de cause, et que tous ceux qui se permettraient quelques attentats à la liberté des citoyens en seront responsables par devant les dits juges ordinaires : cette liberté doit s'étendre à la pensée comme aux personnes et conséquemment à la liberté de la presse, sous les modifications qui seront prescrites par les États-Généraux.

## Bailleul.

Législation : Art. 31. Que la presse soit libre.

### Bailliage secondaire de Bergues.

Cahier des corporations : Art. 10. Que la liberté de la presse soit accordée ; sauf aux auteurs de répondre de leurs ouvrages.

Cahier de la ville : Art. 9. Qu'il soit donné une liberté entière à la presse, réglée seulement et modifiée de manière à ce qu'elle ne dégénère en licence, et à la renfermer dans les bornes au-delà desquelles son objet deviendrait criminel.

## Bar-le-Duc.

### Bailliage secondaire de Briey.

Art. 19. Nos députés réuniront tous leurs efforts pour faire prononcer la liberté indéfinie de la presse avec l'abolition de la censure et de toutes les entraves qu'a pu y apporter l'autorité. Chaque imprimeur sera tenu de mettre son nom au bas de l'imprimé et le

ministère public sera chargé de poursuivre les auteurs, imprimeurs et colporteurs d'écrits contraires au respect dû à la religion, aux bonnes mœurs et à l'honneur individuel des citoyens,
qui auront aussi chacun le droit de poursuivre en ce qui les
concerne.

### Bailliage secondaire de Pont-à-Mousson.

Constitution: Art. 2. Que la liberté indéfinie de la presse, éma-
nant de notre liberté individuelle et politique, il soit arrêté que
tous censeurs seront supprimés, et qu'il sera libre à tout citoyen
de faire imprimer ses opinions, ses vues et ses projets, aux réserves qui seront jugées les plus convenables par l'assemblée, pour
le maintien des bonnes mœurs et de la paix des gens honnêtes et
de l'ordre général.

### Bailliage secondaire de Villers-la-Montagne.

Cahier commun des Trois-Ordres: Art. 11. Que la liberté indéfinie de la presse soit autorisée ; à la charge par l'imprimeur
d'apposer son nom à tous les ouvrages qu'il imprimera, et de répondre personnellement de tout ce qu'il pourrait y avoir de contraire à la religion, à l'ordre et à l'honnêteté publique.

## Bar-sur-Seine.

C'est par la communication continuelle que les hommes se font
de leurs pensées, que la philosophie, les lettres, les sciences, et
tous les arts prennent de nouveaux accroissements et qu'ils peuvent parvenir à la perfection, qui rend les peuples heureux et les
empires florissants ; l'on ne peut donc trop protéger tout ce qui
tend à rendre prompts et faciles cette communication, ce commerce
de pensées ; et c'est de la presse seule que l'on peut attendre ce
secours pour laquelle elle a été instituée. Il faut donc que chacun
en ait l'usage libre ; et il suffira pour empêcher les abus, qui
pourraient résulter de cette liberté et se mettre en état de les réprimer d'imposer des peines sévères à ceux qui, dans leurs écrits,
se permettront des choses qui puissent troubler l'ordre de la so-

ciété, ou qui attaquent l'honneur des familles et des particuliers ;
et pour assurer la punition des coupables, désigner sous des peines également sévères, que tous les imprimeurs mettent leur nom
en tête des ouvrages qu'ils imprimeront, et qu'ils prennent des
pouvoirs et soumissions des auteurs qu'ils seront tenus de représenter toutes les fois que le ministère public ou les particuliers,
blessés de quelque manière que ce soit, voudront se pourvoir.

### Bazas.

Art. 13. Qu'il soit accordé à la presse une liberté indéfinie, à la
charge par l'imprimeur d'apposer son nom à tous les ouvrages,
et de répondre personnellement, lui ou l'auteur, de tout ce que
ces écrits pourraient contenir de contraire à la religion, à l'ordre
général, à l'honnêteté publique, et à l'honneur des citoyens.

### Bellesme [1].

Art. 74. Ils requièrent aussi la liberté indéfinie de la presse et
la suppression absolue de la censure, à la charge par l'imprimeur
d'apposer son nom à tous les ouvrages et de déclarer les auteurs,
pour par ceux-ci répondre de tout ce qui pourrait s'y trouver contraire à l'ordre social.

### Besançon.

Art. 14. La presse sera libre à tous les sujets du roi, sauf l'animadversion de la loi, contre les écrits qui attaqueraient directement les mœurs, les dogmes de la religion révélée ou l'honneur
des citoyens.

### Blois.

#### Instructions et cahier du hameau de Madon [2].

Liberté de la presse : Si un étranger, en arrivant en France, voit

---

[1] Dans le Perche.

[2] Le hameau de Madon n'a aujourd'hui que deux cent cinquante habitants
d'après le dictionnaire des postes. Il est situé dans le Loir-et-Cher et le cahier
dont nous publions un extrait fut imprimé à Blois. C'est un des cahiers les
plus volumineux.

autant de systèmes, de religion et de politique que de personnes ; s'il trouve partout et jusque sur l'escalier de Versailles les brochures et les libelles du jour, auxquels un lecteur laborieux ne pourrait pas suffire ; s'il va dans le lieu où on diffame le plus de gens, parce que sous le noble prétexte de défendre sa patrie, on appelle tout l'univers en cause ; s'il finit enfin par être diffamé lui-même contre les droits de l'honneur et de l'hospitalité et s'il entend solliciter encore la liberté de la presse, il aura quelque peine à comprendre ce qu'on entend par là.

La liberté d'écrire n'est pas une suite nécessaire de la liberté de penser. Si tout individu est maître de son opinion, il n'est point pour cela chargé de l'instruction et de la police publique. Si l'on croit devoir au genre humain quelque vérité, quelqu'avertissement, il n'y a qu'un lâche qui n'ose pas lui parler à visage découvert.

Les biens, la vie, l'honneur des citoyens, doivent être sous la sauvegarde des lois. Il est des principes sacrés pour tout le monde. Toutes les choses et toutes les personnes ne doivent pas indifféremment être ébranlées et décréditées dans l'opinion. Il n'appartient point au premier venu d'infecter l'air de poisons et de pernicieuses maximes. Dans toutes les nations policées il doit y avoir un Code respecté, et dont le premier article soit que toute production clandestine est un délit punissable.

Il doit y avoir un aréopage pour exercer la censure et un ministère public chargé de lui dénoncer les coupables, afin qu'un citoyen, après avoir vu flétrir son honneur, n'ait pas encore à compromettre sa fortune pour réclamer la justice et les lois.

### Cahier de Madon.

Art. 9. La liberté individuelle et la liberté de la presse sont la liberté du corps et de l'esprit. Ce n'est qu'avec les plus sages et régulières précautions qu'on peut y porter atteinte selon les principes établis dans les instructions.

### Bourg-en-Bresse.

Art. 17. Que la liberté de la presse soit autorisée avec les modifications nécessaires pour maintenir l'ordre public, les mœurs et la religion [1]. ·

Noblesse : Consenti.

## Bourges.

Art. 10. Que la presse sera libre sous la condition que l'auteur demeurera responsable de sa production ; les imprimeurs seront également responsables des écrits anonymes pour lesquels ils ne seraient pas munis de pouvoirs suffisants.

### Bailliage secondaire de Châteauroux.

Section 2. Art. 3. Que la liberté de la presse soit entière sous la condition que l'auteur demeurera responsable de sa production, tant envers le ministère public que les parties civiles qui seront fondées à s'en plaindre ; les imprimeurs seront de même responsables des écrits anonymes pour lesquels ils ne seraient pas munis de pouvoirs suffisants.

### Bailliage secondaire d'Issoudun.

Art. 51. La réclamation générale en faveur de la liberté de la presse démontrant combien elle est utile pour l'accroissement des lumières et la discussion des affaires, elle ne devrait avoir de bornes que pour les écrits méchants et scandaleux qui porteraient en même temps le caractère de la clandestinité.

## Brest.

Police générale et particulière : La liberté de la presse sera accordée indéfiniment, parce que la minute sera souscrite de l'auteur, et les exemplaires le seront de l'imprimeur.

## Saint-Brieuc.

Art. 22. La liberté de la presse répandue dans tout le royaume,

---

[1] Les trois ordres de la province de Bresse réunirent leurs doléances en un seul cahier. La rédaction en fut confiée au Tiers-État et à chaque article la noblesse et le clergé ajoutèrent leurs observations ou se contentèrent de donner leur approbation par le mot : *consenti*, quand ils adhéraient sans restriction à la rédaction du Tiers-État.

parce que ceux qui écriront ou feront imprimer seront responsables des erreurs et méchancetés répandues dans leurs écrits.

## Caen.

### Bailliage secondaire de Vire.

Art. 16. Que la liberté de la presse soit établie sans autre exception que pour les libelles contre les particuliers ou contre la conduite privée des gens en place.

## Cahors.

Art. 36. Établir la liberté indéfinie de la presse à la charge toutefois par l'imprimeur de mettre son nom à tous les ouvrages et de répondre personnellement de ce que tous ces écrits contiendraient de contraire à la religion, aux bonnes mœurs, au bon ordre de la société et à la tranquillité de l'État.

## Calais.

Amélioration de la police : Que la liberté de la presse soit accordée.

## Cambrai.

Art. 13. La liberté étant assurée à tout citoyen, sa pensée ne doit pas être enchaînée ; Sa Majesté sera suppliée d'ordonner la liberté de la presse : mais comme elle pourrait dégénérer en licence, tous les ouvrages devront porter les noms de leur auteur et de l'imprimeur ; et ils en seront responsables, s'ils sont répréhensibles.

## Carcassonne.

Art. 14. Accorder la liberté de la presse et cependant la subordonner par un règlement sévère aux principes de la religion, des bonnes mœurs et de l'honnêteté publique.

## Castelnaudary.

Art. 9. Que la liberté de la presse et celle de la profession d'imprimeur soient établies.

*Caudebec.*

Bien public : Art. 70. Que la liberté de la presse soit autorisée avec les modifications nécessaires pour garantir l'ordre public et l'honneur des particuliers.

*Chálon-sur-Saône.*

Art. 11. La liberté de la presse pour tout ce qui regarde l'administration.

*Chálons-sur-Marne.*

Art. 22. Que la liberté de la presse sera accordée.

*Cháteauneuf-en-Thimerais.*

Article sur la presse commun avec le cahier de la noblesse (v. à la noblesse.)

*Cháteau-Thierry.*

Art. 5. Demande la liberté de la presse qui fait partie de la liberté personnelle et individuelle, s'en rapportant à la prudence des dits États sur les précautions à prendre pour en prévenir les abus.

*Chátillon-sur-Seine.*

Art. 9. La liberté de la presse sera permise comme pouvant répandre et augmenter les lumières, mais à la condition que le nom de l'auteur et celui de l'imprimeur accompagneront l'ouvrage, aux peines portées par les règlements, et sauf aux tribunaux ordinaires des lieux à poursuivre et punir les auteurs et imprimeurs d'ouvrages qui seraient contraires à la religion, aux bonnes mœurs et à la constitution de l'État.

*Chaumont-en-Bassigny.*

Art. 4. Que la liberté de la presse soit établie par une loi qui en détermine les conditions.

*Clermont-Ferrand.*

Art. 8. Que l'on autorise la liberté de la presse, avec la modifi-

cation que l'auteur et l'imprimeur seront solidairement responsables envers les particuliers, le Roi et la nation.

## Colmar.

Art. 35. Que la presse soit libre, et qu'il soit permis à chacun de
proposer des projets de lois, surtout relativement aux Codes civil et
criminel.

## Condom.

Art. 2. Le roi et la nation sont suppliés d'ordonner : La liberté
de la presse.

## Corse.

Objets d'utilité publique : Art. 3. *Intiera liberta della stampa* :
Entière liberté de la presse.

## Coutances.

Que la presse jouisse d'une juste liberté.

### Bailliage secondaire de Saint-Lô.

Art. 9. 2°. Que la liberté de la presse soit autorisée avec les modifications nécessaires pour garantir l'ordre public et l'honneur
des particuliers.

## Crépy-en-Valois.

Art. 12. Ils demanderont la liberté indéfinie de la presse, à la
charge par les imprimeurs et auteurs de répondre de ce que ces
écrits pourraient contenir de contraire à la religion, à la majesté
du trône, aux bonnes mœurs et à l'honneur des citoyens.

## Dax.

Art. 14. Que la presse soit libre, et dispensée de l'attache de
tout censeur, à la charge par l'imprimeur d'apposer son nom à la
tête des ouvrages et de nommer les auteurs s'il en est requis.

*Dijon.*

Art. 8. Que la liberté de la presse sera assurée, avec les limitations qui seront jugées nécessaires pour le maintien du bon ordre.

Le cahier particulier de la ville de Dijon répète exactement cet article.

#### Bailliage secondaire d'Auxonne.

Art. 13. Que la liberté de la presse soit autorisée sauf les limitations nécessaires pour prévenir les abus.

*Dinan.*

Art. 56. Que la presse soit libre sauf la peine justement due aux auteurs et imprimeurs pour les écrits calomnieux et incendiaires ou injurieux au prince ou à la nation.

*Étampes.*

Art. 16. La liberté de la presse, sauf les restrictions que les États-Généraux jugeront à propos d'y mettre.

*Évreux.*

Art. 9. Que la liberté de la presse soit accordée, tout manuscrit devant être signé de l'auteur et l'imprimeur garant de sa signature.

#### Bailliage secondaire de Bernay.

Art. 46. La liberté de la presse doit être légalement établie et sanctionnée. C'est un des principaux avantages que tout gouvernement occupé de sa constitution doit s'empresser de se procurer. Que tout citoyen puisse offrir à sa patrie le résultat de ses études, de son expérience et de ses méditations, c'est souvent l'unique moyen d'être averti de grands dangers, d'éviter et de prévenir de grandes fautes dans toute espèce d'administration.

*Forcalquier.*

#### Bailliage secondaire de Digne.

Art. 54. Demander la liberté de la presse.

### Guérande.

Art. 12. La liberté de la presse aura lieu sauf les modifications qui seraient jugées convenables.

### Guéret.

Art. 1. Après s'être occupés de la liberté individuelle qui est le premier des biens, ils solliciteront celle de la presse.

### Haguenau.

Art. 2. La liberté de la presse étant le seul moyen de propager les connaissances et de déraciner les préjugés et les abus, S. M. sera suppliée de l'accorder à ses peuples, sous la réserve toutefois que les auteurs demeureront personnellement responsables de leurs écrits et pourront être traduits devant les tribunaux pour subir la peine que leur licence leur aurait méritée.

### Haguenau-Colmar.

Vœux de la ville. Art. 22. Qu'on établisse des règles à la liberté de la presse, qui sans priver la nation des lumières utiles de ceux qui veulent faire imprimer leurs idées, ne donnent pas ouverture à outrager impunément la religion, les mœurs, la Majesté royale, les opérations du gouvernement ; qu'à cet effet, chaque auteur sera tenu de mettre son nom au bas de son ouvrage et l'imprimeur au bas de son impression.

### Lannion.

Sûreté : La vraie sûreté consiste dans la liberté légale des personnes ; elle s'élève contre les abus des lettres de cachet qui incarcèrent souvent l'innocence ou soustraient le crime des coupables distingués à la punition. Elle sollicite au contraire la liberté de la presse qui produit tant de bien ailleurs, et l'établissement d'une imprimerie près de chaque siége royal.

### Laon.

Art. 32. Que la liberté de la presse sera autorisée, en prenant les précautions nécessaires pour empêcher qu'elle ne dégénère en licence.

*Lectoure.*

Administration : Art. 17. Liberté de la presse.

*Lesneven.*

Art. 32. Que la liberté de la presse soit accordée sous les réserves qui pourraient être faites par les États-Généraux, et sauf à réprimer des écrits répréhensibles.

*Lille.*

Section III. Art. 3. La liberté de la presse, à charge que les auteurs se nommeront à la tête de leurs ouvrages, et qu'ils seront avec les imprimeurs, libraires et colporteurs, solidairement responsables de tout ce qui pourrait y blesser la religion, le gouvernement, les mœurs et la réputation des particuliers.

*Limoux.*

La liberté de la presse à des conditions sages et raisonnables.

*Lons-le-Saunier.*

Chapitre II. De la liberté des personnes ou des biens : Art. 5. La presse sera libre à tous les sujets du Roi, sauf l'animadversion de la loi contre les écrits qui attaquent directement les dogmes de la religion révélée, la constitution de l'État, la personne du Roi et de la famille royale, les mœurs ou l'honneur des citoyens.

*Lyon.*

Chap. IV. Police générale. La liberté de la presse sera admise, mais tout écrit contraire à la religion et à la décence, ou attentatoire à la réputation des personnes, sera considéré comme libelle, et les distributeurs, imprimeurs et auteurs seront poursuivis avec rigueur.

*Mâcon.*

Législation : Art. 19. Liberté de la presse pour tout ouvrage avoué par son auteur sous les conditions et modifications qu'exigent l'ordre public et le maintien des mœurs.

### Le Mans.

Art. 12. Que la liberté de la presse soit accordée, que l'imprimeur soit seulement assujetti à mettre son nom, à conserver le manuscrit de l'ouvrage signé de l'auteur pour le représenter au besoin.

### Mantes et Meulan.

Constitution : Art. 1. Nous déclarons que le premier droit de l'homme est d'être libre dans sa personne et dans ses biens.

Par une suite de ce droit originaire, nous demandons la liberté de la presse, seul moyen de pouvoir en tout temps défendre la propriété personnelle et réelle. Ainsi, il sera libre à tout individu d'écrire, comme il lui est libre de penser ; mais aucun ouvrage ne sera mis au jour sans porter le nom de celui qui le publiera.

### Marseille.

Intérêt général du Royaume : Art. 2. La liberté de la presse sauf les réserves qui peuvent être faites par les États-Généraux.

### Meaux.

Art. 32. La liberté de la presse sera indéfinie sous la responsabilité de l'imprimeur, qui se fera toujours connaître et ne sera déchargé des poursuites à faire contre lui, qu'en justifiant, en vertu d'injonction du juge, des nom, qualité et domicile de l'auteur.

### Mende.

Art. 3. La liberté de la presse, avec tels règlements que la sagesse des États trouvera à propos de déterminer.

### Metz.

Art. 12. Que la liberté indéfinie de la presse soit établie par la suppression absolue de la censure, à la charge par l'imprimeur d'apposer son nom à tous les ouvrages et de répondre personnellement, lui ou l'auteur, de tout ce que ces écrits pourraient contenir de contraire à la religion dominante, à l'ordre général, à l'honnêteté publique et à l'honneur des citoyens.

## *Montargis.*

Ch. I. Art. 4. Déclarer que pour assurer d'autant plus les droits de liberté et propriété et les principes de toute administration publique, il sera libre à tous et à chacun des sujets du roi de faire et rendre publics par la voie de l'impression tous livres, mémoires, et observations, sous les modifications qui seront jugées convenables.

## *Montbrison.*

Art. 11. La liberté de la presse sur les matières politiques et affaires publiques, sous les modifications qui seront pesées dans la sagesse des États-Généraux.

## *Mont-de-Marsan.*

Art. 10. Que le droit d'exprimer sa pensée est naturel et inviolable ; que la liberté de la presse doit être entière ; qu'il ne doit y avoir de restriction que pour les libelles contre les particuliers et contre la conduite privée des gens en place.

## *Montfort l'Amaury et Dreux* [1].

Constitution. Les députés demanderont ensuite que l'assemblée de la nation s'occupe de la rédaction d'une loi qui établisse la liberté de la presse, et qu'elle prenne les mesures les plus promptes et les plus efficaces pour que jamais il ne soit porté atteinte au respect dû à toute lettre confiée à la poste. Et pour que l'établissement de la constitution ne puisse être éludé ni différé, la volonté des bailliages est que ses députés ne puissent voter sur aucune augmentation ou prorogation de subsides autre que la prorogation

---

[1] Ce cahier est commun aux trois ordres.

qu'elle a exprimée pour la durée de l'assemblée de la nation avant qu'elle ait établi sur des bases inébranlables :

1o La liberté des citoyens;

2c La liberté de la presse et le secret des lettres.

### Montpellier.

Police du royaume : Art. 2. Que la liberté de la presse soit accordée avec des modifications si sages qu'elle ne puisse devenir illusoire ni funeste.

### Montreuil-sur-Mer.

Art. 29. Que la presse soit libre en toute matière, sous la signature des auteurs, sauf aux dits auteurs, ou à défaut d'auteurs connus et solvables aux imprimeurs à répondre, tant pécuniairement que corporellement des abus qui pourront se commettre.

### Moulins.

Art. 14. Que la liberté de la presse soit admise, mais restreinte, ainsi que les États-Généraux croiront devoir l'ordonner.

### Muret.

Art. 8. Que la liberté de la presse soit établie, avec les précautions convenables pour prévenir les abus.

### Nantes.

Art. 13. La liberté de la presse aura lieu sauf les modifications qui seraient jugées convenables.

### Nérac.

Art. 15. Que la liberté de la presse soit accordée à condition que l'auteur et l'imprimeur signeront.

### Nevers.

Art. 15. Que la liberté de la presse soit indéfiniment établie ; en conséquence suppression des censeurs, à la charge par tous auteurs, imprimeurs et libraires de signer les ouvrages mis en vente et d'en demeurer responsables.

### Nîmes.

Chapitre IV. De la liberté : Art. 3. Que la liberté de la presse soit accordée, sauf aux États-Généraux à chercher les moyens d'en prévenir les abus, sans néanmoins qu'en aucun cas la connaissance puisse en être attribuée aux Cours, à moins qu'il n'y ait partie civile plaignante.

### Pamiers (Foix).

Des droits civils et de la liberté individuelle : Art. 6. Que la liberté de la presse soit établie ; et que tout citoyen soit libre de dire, d'écrire et de faire imprimer ce qu'il jugera à propos, sauf à punir les auteurs que la loi déclarera coupables.

### Paris (intra muros)[1].

Déclaration des droits : Par une suite de ces principes (liberté individuelle et abolition de la servitude) la liberté de la presse doit être accordée, sous la condition que les auteurs signeront leurs manuscrits, que l'imprimeur en répondra ; et que l'un ou l'autre seront responsables des suites de la publication.

### Saint-André des Arts.

Art. 12. La liberté de la presse avec les modifications que les États-Généraux croiront nécessaires pour en prévenir ou réprimer les abus.

### Grands Cordeliers.

Art. 14. La liberté de la presse sera demandée et il sera avisé aux moyens qui pourront arrêter ou prévenir les abus qui pourraient en résulter.

### Carmes déchaussés.

Art. 8. La liberté de la presse.

---

[1] L'intérieur de Paris se trouvait divisé en seize quartiers. Chacun de ces quartiers fut subdivisé en un certain nombre de districts. Le total des districts s'élevait à soixante. Chacun d'eux rédigea un cahier particulier, qu'on désigne sous le nom de cahier préliminaire. La fusion des doléances des soixante districts a formé le cahier général du Tiers État.

### Prémontrés de la Croix rouge.

Que la liberté de la presse ait lieu avec les précautions convenables.

Un autre cahier du même district contient cet article :

Art. 10. La liberté générale et absolue de la presse sous les modifications qui seront réglées par les États-Généraux.

Enfin nous lisons dans un troisième cahier :

Art. 11. Que la liberté de la presse soit accordée.

### Saint-Roch.

Constitution. Que chacun puisse librement et par la voix de la presse mettre au jour ses opinions, autant qu'elles ne seront point contraires à la religion dominante, aux mœurs, à l'ordre public, à la société en général, ou à l'un de ses membres en particulier.

Qu'à cet effet tout écrit sera signé de l'auteur et portera le nom de l'imprimeur qui en seront garants.

### Jacobins de la rue Saint-Honoré.

Art. 6. La liberté de la presse sera de droit commun, sauf les modifications qui seront arrêtées par les États-Généraux.

### Saint-Philippe du Roule.

Chap. 1. Objets généraux : Art. 7. Demander la liberté de la presse. Les libelles tombent quand on peut y répondre par des faits [1].

### Abbaye Saint-Germain-des-Près.

Constitution nationale : Art. 8. Que la liberté de la presse soit laissée, à la charge par l'auteur et l'imprimeur de mettre leurs noms aux ouvrages, et de demeurer, par chacun d'eux, responsables des suites des dits ouvrages.

---

[1] Un particulier nommé Gaudefroy, électeur du quartier, avait envoyé au rédacteur du cahier de ce district ses doléances particulières en demandant qu'on les insérât dans le cahier du district. On y trouve :

Art. 5. Que la presse soit entièrement libre et que l'abus en soit puni comme de l'abus qu'on peut faire des meilleures choses.

*Jacobins de la rue Saint-Dominique.*

Législation : Art. 5. Liberté individuelle. Suppression absolue des lettres de cachet. Liberté de la presse avec les modifications que les États-Généraux jugeront convenables. Secret inviolable de la correspondance.

*Saint-Louis en l'Ile.*

De la constitution : Art. 6. La liberté de la presse avec modification et responsabilité de la part des auteurs et imprimeurs.

*Saint-Nicolas du Chardonnet (Bernardins).*

Instructions relatives à la France : Art. 12. La liberté de la presse, sous les modifications que la nation jugera nécessaires.

*Blancs-Manteaux.*

La liberté de penser, de parler, d'écrire, d'imprimer et de publier ses pensées, sauf à punir, selon le texte de la loi, ceux qui se seront rendus coupables de sédition manifeste ou de calomnie grave.

*Capucins du Marais.*

4°. Liberté de la presse sagement combinée avec les moyens de prévenir l'abus qu'on pourrait en faire, ou de le punir.

*Enfants-Rouges.*

Art. 20. La liberté de la presse sera établie conformément aux lois rédigées par les États-Généraux.

*Saint-Étienne du Mont.*

Ch. II. Charte ou constitution nationale : Art. 24. La liberté de la presse.

*Val-de-Grâce.*

Que la liberté de la presse sera accordée avec les restrictions qui paraîtront convenables aux États-Généraux.

*Saint-Marcel.*

Art. 5. Que suivant les vœux des autres communes du royaume la presse sera libre à la charge que l'auteur se fera connaître, le secret des lettres gardé, la liberté de conscience accordée, la liberté individuelle respectée, la justice civile et criminelle réformée, la vénalité des charges supprimée.

### Saint-Nicolas des Champs.

Qu'il soit établi, comme maxime fondamentale, la liberté individuelle de chaque citoyen, la liberté de la presse, sagement modifiée.

### Sainte-Élisabeth.

Art. 5. La liberté de la presse et secret des lettres à la poste.

### Barnabites.

Qu'il ne puisse être accordé aucuns subsides ni délibéré sur la dette publique, avant que la constitution nationale ait été reconnue par un acte solennel, enregistré dans toutes les cours, lequel acte assurera la liberté individuelle des citoyens.

La liberté de la presse,

### Notre-Dame.

Art. 11. Que la liberté de la presse sera rétablie suivant les mesures que prendront les États-Généraux.

### Saint-Séverin.

Commerce: Art. 40. La liberté de la presse sous telle condition que les États-Généraux jugeront plus convenable.

### Oratoire.

Art. 6. La liberté de la presse.

### Feuillants.

Art. 1er. La liberté de la presse [1].

---

[1] Ce cahier est signé : Bailly, Marmontel, Bigot de Préamaneu, Dusaulx Cholet, Moreau de Bussy.

*Saint-Eustache.*

Art. 15. Que la liberté de la presse soit indéfinie pourvu qu'on signe ses ouvrages ; car admettre des restrictions quelconques c'est encore nommer des censeurs et retomber dans les mêmes inconvénients.

*Petits-Pères.*

Art. 15. La liberté de la presse, sauf les restrictions qui seront établies par les États-Généraux.

*Filles Saint-Thomas.*

Art. 9. Tout homme en France a le droit d'imprimer et de publier, sauf recours à la loi, s'il y a délit.

*Mathurins.*

Art. 5. La presse sera absolument libre, à la charge pour l'auteur de signer son ouvrage; et, à défaut de sa signature, l'imprimeur demeurera responsable de ce qui pourra être contraire à la religion, aux mœurs et aux droits d'autrui.

*Sorbonne.*

Constitution : Art 7. On assurera comme une loi sacrée la liberté individuelle des citoyens. Celle de la presse sera également assurée, avec les précautions que le bon ordre exige, mais en telle sorte que la liberté soit dirigée sans être enfreinte.

*Petit Saint-Antoine.*

Art. 5. Que la presse soit libre, sous les modifications qui seront réglées par les États-Généraux.

*Minimes.*

Art. 4. La liberté de la presse.

*Grands-Augustins.*

Art. 18. Que la liberté de la presse sera établie conformément aux règlements qui seront faits dans les États-Généraux.

### Saint-Jacques de l'Hôpital.

Art. 12. Liberté de la presse, responsabilité de l'auteur et de l'imprimeur qui seront tenus de mettre leurs noms en tête des imprimés.

### Notre-Dame de Bonne-Nouvelle.

La liberté de la presse sous les restrictions de prudence qu'y apporteront les États.

### Saint-Lazare.

Art. 4. La liberté de la presse.

### Saint-Jean en Grève.

Art. 7. Les députés demanderont la liberté de la presse, en s'en rapportant pour la modification sur cet article à la décision des États-Généraux.

### Saint-Louis de la Culture.

Que la liberté de la presse soit consacrée, sous l'obligation de la part de l'auteur, de signer, et de la part de l'imprimeur, de garantir la sincérité de la signature.

### Saint-Martin des Champs.

La liberté de la presse sera établie.

### Saint-Leu.

Art. 6. Que la liberté de la presse sera établie conformément aux lois qui seront adoptées par les États-Généraux.

### Saint-Magloire.

Art. 7. Que la liberté de la presse soit établie conformément aux lois qui seront adoptées par les États-Généraux, le vendeur de tout écrit rendu garant.

## Paris (hors les murs).

Déclaration des droits. Liberté : Art. 14. Que tous les citoyens ont le droit de parler, d'écrire et d'imprimer, ou de faire imprimer, sans être soumis à aucune peine, si ce n'est en cas de violation des droits d'autrui déclarée telle par la loi.

## Paroisses dépendant de la vicomté de Paris hors les murs.
### Antony.

Art. 8. Que la presse soit libre, mais soumise aux lois que les États-Généraux estimeront utile d'établir.

## Bazoche près Pontchartrain.

Art. 20. Nous désirons pour notre instruction et pour celle de nos enfants que toute personne puisse faire imprimer librement ce qu'elle croira pouvoir y contribuer, en infligeant cependant des peines exemplaires à ceux qui abusant de cette liberté répandraient des libelles scandaleux contre les mœurs, l'administration publique, la religion et les particuliers.

## Belleville.

Art. 35. La liberté de la presse en tout ce qui ne sera pas contraire à la religion catholique et aux mœurs, à la charge que l'auteur signera son ouvrage, en le portant à l'impression, faute de quoi l'imprimeur en deviendra garant.

## Boulogne.

Art. 17. La vérité ne pouvant se faire entendre que lorsqu'on a a liberté de la dire et rien ne ressemblant plus à la servitude que de ne pouvoir manifester ce qu'on pense, établir la liberté de la presse.

## Charenton.

Art. 2. Que la liberté de la presse soit rétablie, sauf les modifications que les États-Généraux jugeront convenable d'adopter.

3

### Charonne.

Art. 14. Que la liberté de la presse continuera d'avoir lieu ; et néanmoins, pour empêcher qu'elle ne dégénère en licence, qu'il soit fait défense aux imprimeurs, sous les peines les plus graves, d'imprimer aucun manuscrit, qu'il ne soit signé par l'auteur qui se fera connaître à eux, que dans tous les cas les imprimeurs soient tenus de mettre leur nom et leur demeure au bas de la page qui contiendra le texte de l'ouvrage.

### Châtres en Brie.

Art. 11. La liberté de la presse, sauf les dommages et intérêts contre l'imprimeur et l'auteur.

### Chevreuse.

Art. 4. Que la liberté de la presse ou de l'imprimerie sera accordée sous les conditions, modifications ou restrictions qui seront jugées nécessaires.

### Choisy-le-Roi.

Art. 9. Liberté de la presse avec les restrictions que les États-Généraux jugeront convenables, pour ne pas blesser la religion et les mœurs.

### Clichy-la-Garenne.

Art. 3. La liberté légitime de la presse.

### Épinay-sur-Orge.

Art. 9. Qu'on examine la question de la liberté de la presse.

### Ferrières.

Constitution : Art. 12. Que la liberté de la presse soit aussi peu gênée que celle de la parole.

### *Fleury Merogis.*

La liberté de la presse est à désirer pour l'instruction de la nation, sauf aux États-Généraux à statuer sur les moyens de connaître et punir ceux qui en abuseraient.

### *Fontenay-en-Brie.*

Demandes générales : Art. 21. La liberté de la presse sous la responsabilité de l'auteur et de l'imprimeur.

### *Herblay.*

De la liberté individuelle : Art. 4. La liberté de la presse pour les ouvrages qui ne peuvent nuire au public en général ou en particulier.

### *La Houssaye.*

Art. 4. La liberté de la presse, sauf les réserves à faire à cet égard par nos dits seigneurs.

### *Jouy-en-Josas.*

Art. 23. Que la liberté de la presse soit accordée et ne soit restreinte que par les lois que les États-Généraux jugeront nécessaires.

### *Juvisy.*

Art. 5. Qu'on examine la question de la liberté de la presse.

### *La Magdeleine.*

Art. 4. La liberté de la presse sauf les réserves à faire à cet égard par nos seigneurs des États-Généraux.

Art. 27. Les députés ne pourront voter d'impôt qu'après que la liberté de la presse aura été accordée.

### *Liverdy.*

Art. 4. La liberté de la presse, sauf les réserves à faire à cet égard par nos seigneurs des États-Généraux.

Art. 27. Les députés ne pourront voter d'impôt qu'après que la liberté de la presse aura été accordée

## Luzarches.

Art. 10. Nous demandons la liberté de l'impression.

## Magny.

La liberté de penser étant une suite des deux principes : *Liberté individuelle, liberté de la propriété*, il est à présumer que les États-Généraux régleront pareillement les conditions qui devront assurer la liberté de la presse, ce moyen étant celui qui peut le plus servir à propager les lumières et l'instruction publique trop peu répandue dans les diverses classes des citoyens des villes, ainsi que des campagnes.

## Massy.

La liberté de la presse avec prise à partie devant les tribunaux, des auteurs ou imprimeurs, s'il y a lieu.

## Meudon.

Liberté individuelle : Art. 9. Par une suite nécessaire de la liberté individuelle, la liberté de la presse sera accordée ; mais par respect pour les mœurs, que des ouvrages licencieux pourraient corrompre ; par respect pour la religion que des ouvrages impies pourraient offenser ; par respect enfin pour les personnes que des ouvrages calomnieux pourraient noircir et compromettre, aucun écrit ne pourra être mis au jour par la voie de l'impression, sans être revêtu de l'indication des nom et demeure de l'imprimeur qui l'aura publié.

Et par suite de la protection que la Nation doit accorder aux talents littéraires, elle réglera le nombre des imprimeurs, de manière que si quelqu'un s'ingérait d'établir une imprimerie sans son aveu, elle le condamnera à des peines qui seront statuées par les États-Généraux.

### Montgeron.

Art. 1. La liberté de publier les opinions faisant partie essentielle de la liberté individuelle, puisque l'homme ne peut être libre quand sa pensée est esclave, la liberté de la presse sera accordée indéfiniment sauf les réserves qui pourront être faites par les États-Généraux.

### Néauphle-le-Château.

Liberté : Art. 3. Que la liberté de la presse soit admise en observant néanmoins que l'usage de cette même liberté ne puisse dégénérer en licence, et nous nous en rapportons pour cet article aux lumières et à la sagesse de la nation.

### Neufmoutier.

Art. 4. La liberté de la presse, sauf les réserves à faire à cet égard par nos dits seigneurs.

### Neuilly-sur-Marne.

Que la liberté de publier ses opinions faisant partie de la liberté individuelle, puisque l'homme ne peut être libre quand sa pensée est esclave, la liberté de la presse soit accordée indéfiniment, sau les réserves qui peuvent être faites par les États-Généraux.

### Passy.

Maximes fondamentales et pouvoirs spéciaux : Art. 10. La presse doit être libre, mais comme il en peut résulter des délits graves, tout imprimé doit porter le nom de l'imprimeur qui sera caution de l'auteur, soit pour le représenter dans le cas de satisfaction personnelle, soit pour les réparations civiles.

Résumé des pouvoirs spéciaux : Art. 13. La presse libre, mais tout imprimeur obligé de mettre son nom à l'ouvrage qu'il imprimera et d'en être caution.

### Le Pecq.

Art. 23. Que la liberté de la presse soit accordée, sauf les restrictions qui y seront apportées par les États-Généraux.

### Presle.

La liberté de la presse, sauf les réserves à faire à cet égard par nos dits seigneurs.

### Ris.

Art. 31. Que la liberté de la presse soit indistinctement établie en tant que l'on n'attaquera pas la religion et la personne du Roi et que l'on ne calomniera qui que ce soit.

### Ronores.

Art. 37. Enfin que les députés demandent règlement :

Sur la liberté de la presse et sur les moyens de connaitre, juger et punir ceux qui en abuseraient.

### Rosny.

Ch. 4. Retour à la liberté naturelle : Art. 8. La presse sera libre et la vente surveillée.

### Saclay.

Art. 3. Liberté de la presse, sauf les précautions ou conditions nécessaires.

### Saint-Gratien.

De la liberté de la presse : Les députés requerront qu'il soit statué sur la liberté indéfinie de la presse, comme moyen de perfectionner la morale, la législation et les sciences, et de régénérer la religion.

Il sera imposé pour seule condition de cette liberté, l'obligation pour l'auteur de signer son manuscrit et de se faire connaitre de l'imprimeur.

### Tournan.

Art. 4. La liberté de la presse sauf les dommages et intérêts contre l'imprimeur, et l'auteur qui aura souscrit des libelles injurieux.

Art. 27. Les députés ne pourront voter aucun impôt que si la liberté de la presse a été accordée.

### Tremblay-près-Pontchartrain.

Art. 28. Enfin nous désirons pour notre instruction et celle de nos enfants, que toute personne puisse faire imprimer librement ce qu'elle croira pouvoir y contribuer.

### Vauhalland.

Art. 3. Liberté de la presse sauf les conditions ou précautions nécessaires.

### Vernouillet.

Police générale : Art. 16. Qu'il soit permis d'écrire et publier toutes sortes d'ouvrages en matière d'administration et de justice, attendu que la défense de la presse a certainement privé les ministres et les juges d'excellents avis qu'ils ne doivent jamais attendre de ceux qui espèrent ou craignent d'eux.

### Verrières.

Ch. 1er relatif au royaume en général. La liberté de la presse sauf les restrictions que pourront lui donner les États-Généraux.

### Versailles.

Constitution. Pouvoir législatif : Art. 15. La liberté de la presse sera accordée sous la seule réserve que le manuscrit remis à l'imprimeur sera signé par l'auteur qui sera tenu de se faire connaître et qui en répondra ; et pour prévenir l'abus que les juges ou les gens puissants pourraient faire de leur autorité, aucun écrit ne pourra être regardé comme libelle s'il n'est déclaré tel par douze jurés, lesquels seront choisis suivant les formes prescrites par la loi qui interviendra sur cette matière.

### Villiers-le-Bel.

Assemblée préliminaire. Art. 14. La liberté de la presse, à la charge de répondre des écrits répréhensibles.

### Vincennes.

Que Sa Majesté soit suppliée d'accorder la liberté de la presse aux conditions que l'auteur signera son ouvrage et que l'imprimeur sera tenu de faire connaître son pouvoir, si l'ouvrage intéresse la réputation de quelques citoyens.

### Périgueux.

La liberté de la presse, sauf à punir les faiseurs de libelles et ceux qui écriraient contre la religion et les mœurs.

### Péronne.

Cahier commun au Tiers et à la noblesse. Section 1. Art. 15. Que la presse soit libre, sauf à poursuivre, suivant l'exigence des cas, les auteurs, imprimeurs et colporteurs de libelles qui attaqueraient les mœurs privées des citoyens, et sauf aux juges de police à empêcher la distribution d'ouvrages contre la religion, les mœurs et l'État.

### Perpignan.

Art. 14. Que tout citoyen soit déclaré libre de dire, écrire et imprimer tout ce qu'il jugera à propos, sauf à punir les auteurs des propos et écrits que la loi aura déclarés criminels, en évitant autant qu'il sera possible des décisions arbitraires et en défendant d'imprimer aucun ouvrage qui ne portera pas le nom de l'auteur et de l'imprimeur.

## Saint-Pierre-le-Moustier.

Art. 59. Que la liberté de publier ses opinions faisant partie de la
liberté individuelle, puisque l'homme ne peut être libre, quand sa
pensée est esclave, que la liberté de la presse soit accordée indéfiniment, sauf les réserves qui peuvent être apportées par les
États-Généraux.

### Bailliage secondaire de Cusset.

Constitution. Art. 9. Que tout homme à talents puisse annoncer
librement par la voie de l'impression et sous son nom ses découvertes, de quelque nature qu'elles soient, sans être assujetti à
soumettre à une censure ignorante, intéressée ou prévenue, les
productions de son génie et celles de la nature.

## Ploërmel.

Art. 81. Que la liberté de la presse soit générale, mais que toutefois l'imprimeur soit tenu de mettre son nom en tête de son ouvrage, et que l'auteur signe sur le registre de l'imprimeur.

## Poitiers.

Liberté de la presse. Après avoir porté une réforme sévère,
et établi l'ordre le plus avantageux de l'administration, les députés devront solliciter avec force la liberté indéfinie de la presse.
Lorsque la province réclame cette liberté, elle n'entend pas que
tout écrivain puisse impunément calomnier et outrager qui bon
lui semble et se permettre d'odieuses personnalités ; elle demande
seulement que l'auteur d'un écrit relatif à quelque matière que ce
soit puisse le faire imprimer et exposer librement au jugement du
public, et que si cet écrit contient des choses répréhensibles, il ne
soit tenu d'en répondre qu'après l'impression et devant ses juges
naturels.

## Provins et Montereau.

Art. 3. Constitution. Que la liberté de la presse soit permise,

### *Puy-en-Velay.*

Art. 8. Liberté légitime de la presse.

### *Saint-Quentin.*

Constitution. Art. 6. Qu'il soit proposé aux États-Généraux de s'occuper de la rédaction d'une loi qui établisse la liberté légitime de la presse.

### *Quimper.*

Ch. V. Des abus : Art. 9. Liberté de la presse avec les modifications qu'il plaira aux États-Généraux ; que l'on supprime le vélin et qu'il soit remplacé par un papier timbré d'une meilleure qualité que celui qui a lieu.

### *Reims.*

Droit public : Art. 26. Demander la liberté de la presse, avec les modifications qu'elle exige.

### *Rennes.*

Déclaration des droits et constitution. Art. 45. Il y aura liberté indéfinie de la presse, à charge par l'imprimeur de mettre son nom sur tout ce qui sortira de son imprimerie, et d'en répondre.

### *Riom.*

Bases de la constitution. Art. 6. Qu'il soit permis à tout homme qui signera un manuscrit de le faire imprimer, soit pour sa propre défense, soit pour l'instruction publique, sans autre censeur que sa conscience et les lois.

### *La Rochelle.*

Art. 73. La liberté indéfinie de la presse étant le premier attribut d'une nation libre et la sauvegarde de la liberté publique, sera réclamée par les députés.

Bailliage secondaire de Rochefort.

Police civile. Art. 1. Demander la liberté de la presse, sauf aux auteurs et imprimeurs à répondre des écrits répréhensibles.

### Rodez.

Art. 14. La liberté de la presse pour les ouvrages avoués et même pour les ouvrages anonymes, dont les auteurs auront fait inscrire leurs noms dans les registres d'un officier public qui sera préposé à cet effet.

### Romans.

Bailliage secondaire de Vienne.

Considérations diverses. Mais on aurait en vain obtenu une constitution et des lois si l'on oubliait le soin de les conserver ; l'expérience a averti tous les peuples que leur liberté est sans cesse en danger, et des intérêts opposés toujours en mouvement pour l'opprimer.

C'est à la censure nationale que le maintien de la constitution doit être confié ; qu'elle veille, qu'elle puisse parler hautement.

Qu'en donnant à la presse toute la liberté qui lui est nécessaire, les citoyens reconnaissent le bien qu'elle leur a fait.

Qu'il soit permis de dire et de publier, comme il est permis de faire tout ce qui n'est pas défendu par les lois, et que la circulation de la pensée, cette première propriété de l'homme, échappe comme l'air qu'il respire aux efforts impuissants des ennemis de l'humanité.

### Rouen.

Constitution nationale. Art. 3. Que la liberté de communiquer sa pensée faisant partie de la liberté personnelle, il est permis à tout citoyen de faire imprimer sans censure, ni gène, sous les réserves et modifications qui pourront être faites par les États-Généraux.

Bailliage secondaire d'Elbeuf.

Art. 24. Que la liberté de la presse soit accordée, à la charge
par l'imprimeur d'avouer l'ouvrage, et sauf toutes poursuites contre lui et l'auteur si l'ouvrage blesse les mœurs, l'État ou la religion.

Bailliage secondaire du Pont de l'Arche.

Législation et administration : Art. 41. Que la liberté de la presse
soit accordée, parce que l'ouvrage sera souscrit par l'auteur et par
l'imprimeur.

Bailliage secondaire de Pont l'Évêque.

## Paroisse de St-Waast.

États provinciaux : Art. 2. La liberté indéfinie de la presse, à la
charge par l'imprimeur ou l'auteur d'apposer son nom au bas de
l'imprimé, et de répondre de tout ce qu'il contiendrait de contraire
à la religion dominante, au respect dû au souverain, à l'honnêteté
publique et à l'honneur des citoyens.

## Saintes.

La liberté de la presse, à la charge par l'auteur et l'imprimeur
d'établir leurs noms.

Bailliage secondaire de Chalais.

Cinquième demande : L'abolition de la censure, toujours inutile,
toujours arbitraire ; elle ne détruit point les libelles, elle les oc-
casionne au contraire, le mépris qu'en font les honnêtes gens est
seul capable de les faire disparaître à jamais.

La censure a-t-elle jamais procuré un bien qui put compenser
un seul des maux qu'elle a faits, celui de nous tenir longtemps
dans l'ignorance des vérités qui réunissent les trois ordres de l'É-
tat aujourd'hui. Eh ! qui ne sait pas qu'elle s'efforce encore de nous

en cacher de bien augustes? Détruisez, anéantissez, ô le meilleur des Rois ! Roi d'une nation libre ! toutes ces gênes et autres, ces restes de la barbarie ; accordez à vos fidèles, à vos bons sujets toute la liberté qu'ils peuvent porter, ils vous béniront, ils vous chériront davantage, s'il était possible, vous n'en serez que plus puissant. Les grands et les petits tyrans seront détruits. Si vous ajoutez à ce bienfait la tolérance générale, qui ne fera aucun mal à notre religion, qui, au contraire, nous procurera le bien de porter nos ministres à s'adonner plus au travail, qui sera plus cher que vous à toutes les nations? Quel ennemi oserait vous attaquer? La liberté, la force, la volonté de tous vos sujets se réuniraient à votre force et à votre volonté, il serait bientôt vaincu !

### Sarreguemines.

#### Bailliage secondaire de Lixheim.

Art. 4. Demander que la liberté de la presse soit désormais assurée, ainsi que la suppression de tout censeur ; mais que les libraires ou imprimeurs ne puissent imprimer aucuns écrits sans la signature et l'aveu de l'auteur, et que tout livre qui n'aurait point d'aveu étant regardé alors comme libelle, l'imprimeur puisse être juridiquement poursuivi pour l'avoir imprimé, et l'auteur pour l'avoir écrit, devenant par la loi responsable de ce que contient l'écrit, d'après les règlements sages qui seront faits par les États-Généraux.

### Saumur.

Art. 28. La liberté de la presse, à la charge par les auteurs ou imprimeurs d'apposer leurs noms aux ouvrages imprimés, et de répondre personnellement de tout ce qui pourrait être contraire à la religion, aux bonnes mœurs, et de toutes diffamations qui pourraient être répandues dans lesdits écrits, contre le roi, le gouvernement et les particuliers.

### Sedan.

#### Bailliage secondaire de Mohon.

Liberté de la presse en prenant une certaine précaution.

### Semur-en-Auxois.

Art. 16. La liberté de la presse sera générale, sous les modifications néanmoins qui seront adoptées par les États-Généraux dans un règlement dont l'exécution sera confiée aux juges royaux ordinaires.

### Senlis.

Liberté de la presse. Les députés proposeront qu'il soit statué sur la liberté de la presse, comme un moyen de perfectionner la morale, la législation et toutes les connaissances humaines, en obligeant celui qui voudra faire imprimer quelque ouvrage que ce soit, de signer son manuscrit de son nom, de faire certifier par deux personnes dignes de foi qu'il est réellement celui qui a signé le manuscrit.

### Tarbes.

Constitution : Art. 10. Que la liberté de la presse, sans licence sera établie comme un genre de censure publique, qui fournit de grandes lumières pour la correction des abus, et pour une meilleure administration.

### Toul.

Observations générales : Art. 3. La liberté légitime de la presse.

#### Bailliage secondaire de Vic.

Art. 24. Accorder la liberté de la presse pour tous les objets qui n'auraient rien de contraire à l'honnêteté, aux mœurs et à la religion.

### Toulon.

Constitution : Art. 8. La liberté légitime de la presse.

### Toulouse.

Art. 5. Établir la liberté indéfinie de la presse par la suppression absolue de la censure à la charge par l'imprimeur d'apposer son nom à tous les ouvrages qu'il imprimera, et de répondre, solidairement avec l'auteur, de tout ce que ces écrits auront de contraire à la religion, à l'honnêteté publique, et à l'honneur des citoyens.

## Tours.

Extrait du cahier. Art. 5. La liberté de la presse avec nom et signature de l'auteur et obligation de l'imprimeur de demeurer garant ou déclarer celui qui l'a requis.

## Troyes.

Police : Art. 104. Que la liberté de la presse soit accordée avec les réserves et modifications que les États-Généraux jugeront à propos d'admettre.

## Tulle.

Art. 15. Que la liberté de la presse soit établie sous les modifications qui seront ordonnées par les États-Généraux.

## Valenciennes. ·

Cahier de la commune : De la Police. Art. 8. Que la liberté de la presse sera accordée sous les modifications qui seront arrêtées par les États-Généraux.

## Vannes.

Art. 10. Après avoir assuré la liberté des personnes, il sera de même pourvu à la liberté des opinions; celle de la presse sera accordée sous les restrictions nécessaires pour empêcher la circulation des écrits scandaleux et des libelles.

## Vendôme.

Remontrances : Art. 8. Que la liberté de la presse ou imprimerie sera accordée et qu'en conséquence il sera fait une loi qui obvie aux abus en fixant des peines en cas d'infraction.

## Verdun-Rivière [1].

Art. 17. La liberté de la presse avec cette modification que pour en prévenir la licence, les auteurs et imprimeurs seront personnellement et solidairement responsables de tous écrits, libelles qui blesseraient la religion, les mœurs et l'honneur des citoyens.

## Vesoul.

De l'état des personnes et des biens : Art. 5. La presse sera libre à tous les sujets du Roi sauf l'animadversion de la loi contre les écrits licencieux sans noms d'auteur ni d'imprimeur qui attaqueraient les dogmes de la religion révélée, la constitution de l'État les bonnes mœurs ou l'honneur des citoyens.

Cahier commun des trois ordres : Art. 28. Les États-Généraux, de concert avec le Roi statueront sur la liberté de la presse, et sur le moyen de connaître, juger et punir ceux qui en abuseraient ainsi que sur la sûreté inviolable des lettres missives et des relations de confiance.

## Villefranche.

Art. 27. Liberté de la presse, seule manière d'éclairer le gouvernement, de contenir les ministres, d'établir un frein à la violation des lois et de mettre tous les citoyens de quelque rang qu'ils soient sous la férule de la censure publique : liberté néanmoins à la charge par les imprimeurs et auteurs de répondre des ouvrages.

---

1 Cette ville est située dans le midi sur les bords de la Garonne (département du Tarn-et-Garonne).

## *Villers-Cotterets.*

Art. 5. La liberté de publier ses opinions faisant partie de la liberté individuelle, puisque l'homme ne peut être libre quand sa pensée est esclave, la liberté indéfinie de la presse sera établie par la suppression absolue de la censure, à la charge par l'imprimeur d'apposer son nom à tous les ouvrages et de répondre personnellement, lui ou l'auteur, de tout ce que les écrits pourraient contenir de contraire à la religion dominante, à l'ordre général, à l'honnêteté publique et à l'honneur des citoyens.

# NOBLESSE

# NOBLESSE

---

### Abbeville.

Art. 25. Les citoyens jouiront de la liberté de la presse, ils pourront faire imprimer toutes leurs pensées, tous leurs ouvrages, sans être astreints à aucune formalité, à la charge néanmoins d'être responsables envers l'État et les particuliers de ce qui blesserait l'ordre public, l'intérêt et l'honneur des familles.

### Agen.

Art. 11. Il sera fait une loi pour établir la liberté légitime et permise de la presse.

### Aix.

La liberté de la presse, sous la responsabilité de l'auteur ou de l'imprimeur.

### Alençon.

§ 8. L'assemblée recommande expressément à ses députés de demander et requérir : 1º Que la liberté de la presse soit autorisée, avec les seules modifications nécessaires pour garantir l'ordre public et l'honneur des particuliers.

### Amiens-Ham.

Art. 11. Les députés demanderont la liberté de la presse, sous la condition que l'auteur ou au moins l'imprimeur seront tenus de mettre leurs noms à la tête de l'ouvrage, pour par l'auteur en demeurer responsable envers les lois et les particuliers, et par l'imprimeur demeurer garant de l'existence de l'auteur.

### Angers.

Chapitre I. De la Constitution : Art. 11. Les États-Généraux statueront sur la liberté de la presse et sur les moyens de connaître, juger et punir ceux qui en abuseraient.

### Angoulême.

Charte nationale : La liberté de la presse sous les modifications que les États-Généraux jugeront convenable d'y prescrire.

### Annonai.

Art. 15. La noblesse charge son député de demander la liberté de la presse, sous la condition que les auteurs et les imprimeurs signeront leurs ouvrages et en seront personnellement garants.

### Arras.

Section II. Art. 9. Les députés aviseront aux moyens de concilier la plus grande liberté possible de la presse avec le respect dû à la religion, aux mœurs, aux lois constitutives, et à la personne du monarque.

### Auch.

Art. 23. Demander la liberté indéfinie de la presse et suppression de la censure, à la charge pour l'imprimeur d'apposer son nom à ce qu'il imprimera et de répondre, lui et l'auteur, de tout ce que ses écrits pourraient contenir de contraire à la religion et à l'ordre général, à l'honnêteté publique et à l'honneur des citoyens.

### *Auxerre.*

**Art. 23.** Tout citoyen sera déclaré libre de faire imprimer tout ce qu'il jugera à propos, à la condition que les noms de l'auteur et de l'imprimeur, ou de l'imprimeur au moins, seront mis en tête de l'ouvrage, et que l'imprimeur et l'auteur demeureront solidairement garants et responsables de tout ce qui pourrait blesser l'intérêt public et celui des particuliers.

### *Bailleul.*

**Art. 9.** Établir la liberté indéfinie de la presse par la suppression absolue de la censure et de la nécessité des priviléges, à la charge pour les auteurs et imprimeurs de mettre leurs noms à tous les ouvrages quelconques, et de répondre personnellement et solidairement de tout ce que ces écrits pourraient contenir de contraire à la religion, aux mœurs et au bon ordre général, et à l'honneur des citoyens.

### *Bar-le-Duc.*

#### Bailliage secondaire de Briey.

**Art. 17.** Établir la liberté indéfinie de la presse par la suppression absolue de la censure, à la charge pour l'imprimeur d'apposer son nom à tous ses ouvrages, et de répondre personnellement, lui ou l'auteur, de tout ce que ces écrits pourraient contenir de contraire à la religion dominante, à l'ordre général, à l'honnêteté publique et à l'honneur des citoyens.

#### Bailliage secondaire d'Étain.

**Art. 3.** Comme la liberté de publier ses opinions fait partie de la liberté individuelle, puisque l'homme ne peut être libre quand sa pensée est esclave, nous chargeons notre député de demander que la liberté de la presse soit autorisée avec les modifications nécessaires pour garantir l'ordre public et l'honneur des particuliers et pour qu'elle ne dégénère pas en licence scandaleuse. Qu'en conséquence la censure soit supprimée, à la charge pour l'imprimeur d'apposer son nom à tous les ouvrages et de répondre personnellement, lui et l'auteur, de tout ce que ces écrits pourraient contenir de contraire à la religion, à l'ordre général, à l'honnêteté publique, aux bonnes mœurs et à l'honneur des citoyens, et d'en être punis exemplairement.

### Bar-sur-Seine.

Art. 2. Que la liberté de la presse soit assurée, en obligeant néanmoins tous les imprimeurs d'avoir entre leurs mains la minute du manuscrit signé de l'auteur, pour que l'auteur puisse être responsable, soit aux particuliers qu'il aura insultés, soit au public, s'il avait attaqué la religion ou les mœurs : et si l'imprimeur avait négligé de s'assurer de la connaissance certaine de l'auteur de l'ouvrage qu'il aurait imprimé, dans ce cas, il en demeurera personnellement responsable. La noblesse demande une loi à cet égard.

### Beauvais.

Section : Justice-Police. Que la liberté de la presse soit accordée, à la condition que tout homme qui fera imprimer soit obligé de signer son manuscrit et de se faire connaître de l'imprimeur.

### Bellesme.

Art. 25. Que les États-Généraux s'occupent de la rédaction d'une loi qui rétablisse la liberté légitime de la presse. On pense qu'il suffirait que l'imprimeur fût caution de l'ouvrage en y mettant son nom.

## *Belley.*

Art. 31. Solliciter les États-Généraux de s'occuper d'établir par une loi claire et précise, la liberté légitime de la presse, objet essentiel dans lequel a toujours régné la plus odieuse inquisitiont ou la plus scandaleuse licence, selon que l'une ou l'autre a pu favoriser les vues perfides des administrateurs.

## *Béziers.*

Administration générale : Art. 2. Qu'après la déclaration générale des droits de l'homme et du citoyen la première des libertés de l'homme, celle qui peut seule assurer toutes les autres libertés, en un mot la liberté de penser soit fondée sur la liberté de l'imprimerie, avec les modifications convenables.

## *Blois.*

Art. 1er. Liberté personnelle. De la liberté personnelle dérive celle d'écrire, de penser, le droit de faire imprimer et publier, avec noms d'auteurs et d'imprimeurs, toutes espèces de plaintes et de réflexions relatives aux affaires publiques et particulières, sauf le droit qu'a tout citoyen de se pourvoir par les moyens de droit, et dans les tribunaux ordinaires, contre l'auteur et l'imprimeur, dans le cas de diffamation ou de lésion ; comme aussi sauf toutes les restrictions qui pourront être faites par les États-Généraux, pour ce qui concerne les mœurs et la religion.

## *Bordeaux.*

Seconde section : Art. 5. La liberté de la presse étant aux affaires publiques ce qu'est une discussion libre dans les intérêts particuliers, les députés insisteront sur l'abolition de toute censure, et aviseront aux moyens les plus convenables pour garantir des atteintes de la licence la religion, les mœurs et l'honneur des citoyens.

## Bordeaux.

Cahier des nobles ayant participe à la session du 7 avril. Art. 23. La presse sera entièrement libre, sous la seule condition, imposée à chaque auteur, de mettre son nom au titre de son ouvrage, ou de le déclarer à l'imprimeur, qui répondra alors des demandes qui pourraient être faites contre l'auteur.

## Boulogne.

Liberté de la presse. Si la liberté de la presse avait eu lieu, la nation aurait été éclairée plus tôt sur ses véritables intérêts. Le député de la noblesse opinera donc pour que cette liberté soit accordée en France, pouvu toutefois que les ouvrages imprimés soient souscrits du nom de l'auteur, à son défaut du nom de l'imprimeur qui pour lors deviendra responsable de ce qui pourrait être inséré contre la religion dominante, les lois de l'État, le respect dû à la majesté du trône et l'honneur des citoyens.

## Bourg-en-Bresse.

La noblesse adopta sans y rien changer la rédaction du tiers. Voir la note au Tiers-État.

## Bourges.

Art. 3. La liberté publique et individuelle, de laquelle dérive celle de la presse assurée, suivant les lois.

(Et plus loin.) Art. 6. La liberté de la pensée étant aussi précieuse à l'homme que celle individuelle dont il a droit de jouir en vertu des lois, les députés insisteront pour qu'en vertu d'une loi expresse à ce sujet, tout citoyen puisse librement communiquer par la voie de la presse tout ce qu'il croira nécessaire de publier, soit pour sa défense, soit pour l'instruction de ses concitoyens, en ne restant assujetti qu'aux précautions de police nécessaires à ordonner, pour connaître toujours les auteurs et imprimeurs, ainsi

qu'aux censures ecclésiastiques nécessaires pour les livres trai-
tant du dogme de la religion seulement, attendu que la nation
elle-même a le plus grand intérêt à le maintenir dans toute sa
pureté.

## Caen.

Instructions sur le contrat social : Art. 22. La liberté de la presse
sera autorisée à l'effet de quoi tout citoyen qui voudra faire imprimer sera tenu de déclarer son domicile et de signer son manuscrit, dont il sera personnellement responsable, pour le maintien
de l'ordre public et de l'honneur des citoyens ; l'imprimeur sera
dans le cas d'être poursuivi juridiquement et sera également responsable, s'il ne présente le nom et domicile de l'auteur, toutes
fois qu'il en sera requis légalement.

## Cahors.

La liberté de publier ses opinions faisant partie de la liberté
individuelle, puisque l'homme ne peut être libre quand sa pensée
est esclave, elle demande que la liberté de la presse soit accordée
indéfiniment, sauf les réserves qui pourraient être faites par les
États-Généraux.

## Calais.

Que cette liberté s'étende au pouvoir de faire imprimer ce que
l'on jugera à propos, sauf à punir après l'impression les auteurs
des écrits que la loi aura déclarés criminels, en évitant toujours les
décisions arbitraires.

## Cambrai.

Art. 15. Quant à la liberté de la presse, elle peut être autorisée, sous la caution des auteurs, libraires et imprimeurs.

## Carcassonne.

Art. 19. Chaque citoyen jouira de la liberté indéfinie de publier, par la voie de l'impression, et de répandre dans tout le royaume les ouvrages qu'il aura composés, à la charge par les auteurs et imprimeurs de répondre personnellement de tout ce que ces écrits pourraient contenir de contraire à la religion, à l'ordre général et à l'honneur des citoyens.

*Motifs* : Les ouvrages de l'esprit sont la propriété des auteurs, comme les terres sont la propriété des seigneurs. La liberté de la presse est donc un droit dont les auteurs doivent disposer à leur gré, avec les seules restrictions qu'exige la sûreté de chaque individu. On ne doit pas craindre que des principes dangereux se répandent avec les livres qui en seraient infectés. L'effet le plus sûr des prohibitions est de donner de la vogue aux ouvrages défendus; l'effet le plus sûr de la liberté de la presse est de rendre le public indifférent sur les ouvrages mauvais ou médiocres. La liberté de la presse produira encore l'avantage de rendre à la France une branche considérable de commerce dont nos voisins se sont emparés.

## Castelmoron.

Art. 7. La liberté de la presse, à la charge pour l'auteur et l'imprimeur de signer tous les ouvrages, et d'en répondre personnellement.

## Castelnaudary.

Art. 7. La liberté de la presse et la suppression des censures à condition que les auteurs et les imprimeurs mettront leur nom à la tête de l'ouvrage et répondront personnellement du contenu en iceluy.

## Caudebec.

Les députés insisteront d'une manière particulière pour que la liberté de la presse soit prononcée en établissant la responsabilité personnelle des auteurs, des imprimeurs et des marchands de livres calomnieux, ou contraires aux mœurs et à la religion.

## Châlon-sur-Saône.

Art. 4. Établir la liberté indéfinie de la presse par la suppression absolue de la censure à la charge pour l'imprimeur d'apposer son nom à tous les ouvrages, et de répondre personnellement, lui ou l'auteur, de tout ce que les écrits pourraient contenir de contraire à la religion dominante, à l'ordre général, à l'honneur public et à celui de tous les citoyens.

## Châlons-sur-Marne.

Art. 31. D'accorder la liberté de la presse, limitée de telle manière qu'aucun ouvrage ne pourra être imprimé que par un imprimeur en titre et sur un manuscrit signé ; et que dans tous les cas (excepté pour les mémoires des parties) il soit responsable du contenu en l'ouvrage qu'il aura imprimé.

## Charolles.

Art. 13. Que les députés de toutes les provinces du royaume s'occupent de la rédaction d'une loi qui autorise la liberté légitime de la presse.

## Chartres.

Objets impératifs. Art. 1er. La liberté de la presse, dérivant de la liberté individuelle, sera de même entièrement accordée, avec la condition que tout ouvrage sera signé de son auteur, et à défaut de signature, l'imprimeur répondra de l'ouvrage, sous peine d'une amende très-forte contre l'imprimeur qui ne se serait pas nommé.

## Châteauneuf-en-Thimerais.

Article 1er. No 4. Chaque citoyen aura le droit d'user librement
de la presse, à la charge seulement que chaque ouvrage sera pré-
cédé du nom de l'auteur ou de l'imprimeur, lesquels seront personnellement garants des injures ou calomnies contenues aux dits
ouvrages, contre aucuns citoyens, et seront punis suivant la rigueur des lois.

## Château-Thierry.

Art. 21. Que la liberté de la presse soit accordée, sauf les modifications que le Roi et les États-Généraux jugeront à propos d'y
apporter ; que le dépôt des lettres confiées à la poste soit à jamais
déclaré et rendu inviolable.

## Châtillon-sur-Seine.

Les connaissances de l'esprit de justice et d'analyse répandues
dans toute la nation étant les seules lumières et les seuls moyens
par lesquels les chefs de l'administration puissent être éclairés et
guidés dans toutes leurs opérations, et ceux qui possèdent les
connaissances et les lumières n'étant que rarement à portée de les
faire parvenir jusques à ceux à qui il est si important qu'elles
arrivent : la liberté de la presse sera autorisée.

Mais pour qu'elle ne dégénère jamais en licence, l'auteur qui
voudra faire imprimer un ouvrage de sa composition déposera
chez un notaire royal du district de la chambre syndicale où rési-
dera l'imprimeur dont il se servira, sa déclaration qu'il est l'auteur de cet ouvrage. Il remettra une expédition collationnée de
cette déclaration à l'imprimeur à qui ce titre seul suffira pour
être autorisé à imprimer le dit ouvrage. Au moyen de quoi, il
sera tenu d'y mettre son nom et sa déclaration qu'il a celle de
l'auteur en bonne forme, à faute de quoi il sera puni comme auteur du livre, s'il y a lieu, et dans tous les cas pour n'avoir pas
mis son nom, comme aussi serait puni sévèrement tout imprimeur

qui oserait mettre un nom supposé. Tout libraire ou colporteur pourra vendre, distribuer ou colporter tous ouvrages revêtus de ces formes.

L'auteur sera seul responsable à la nation et aux tribunaux chargés par elle de ce soin, des délits qui pourraient être contenus dans son ouvrage, tels que principes, maximes et raisonnements tendant à écarter les sujets du respect et de l'obéissance dus à la religion, à la nation, aux lois et au roi, tendant à égarer les esprits et à les porter à des divisions, des troubles, des factions, etc.; desquels délits les auteurs seront punis à la poursuite et diligence des procureurs généraux et de leurs substituts, et selon la rigueur des lois déjà existantes et qui seront renouvelées, modifiées ou étendues, ou même portées par les États-Généraux ; — telles encore que calomnies, ou même médisances, injures, imputations, inculpations gratuites et qui n'auraient pas pour objet l'utilité publique ou l'utilité bien démontrée et la juste défense pour les intérêts clairement énoncés de quelques corporations, ou de quelques particuliers...

L'imprimeur dépositaire du nom de l'auteur aura le droit de le taire jusqu'à ce qu'il y ait une plainte formée, une instruction commencée contre l'auteur de l'ouvrage et une ordonnance du juge qui enjoigne audit imprimeur de remettre la déclaration du dit auteur, laquelle sera vérifiée chez le notaire où elle aura été passée, pour savoir si elle est en tout conforme à la minute. Et s'il était prouvé que dans tout autre cas que celui des formes énoncées ci-dessus ledit imprimeur ait révélé le secret de l'auteur, il pourrait être poursuivi par lui et puni selon la loi qui sera faite à cet égard. Mais on ne pourrait en vertu de cette révélation clandestine sévir contre l'auteur d'aucune espèce de manière, autrement qu'en la forme prescrite ci-dessus.

Tout imprimeur autre que celui porteur de la déclaration de l'auteur qui pourra réimprimer ou contrefaire le dit ouvrage sera puni des peines afflictives selon la loi qui sera faite à cet égard.

Après que le dit ouvrage aura été achevé d'imprimer et avant sa distribution, l'auteur et l'imprimeur se donneront respectivement une déclaration, le premier, que son ouvrage est imprimé conformément à son manuscrit, commençant par ces mots... et finissant par ceux-ci..., le second, que l'ouvrage dudit auteur contient tant de pages commençant par ces mots... et finissant par ceux-ci...

Abrogation de toutes autres lois relatives à la police et censure des ouvrages ou imprimés, et notamment de l'obligation de la part de l'auteur de déposer son manuscrit, attendu que cette loi aussi inutile qu'elle est souvent impossible à exécuter est nécessairement tombée dans une désuétude absolue.

### Chaumont en Bassigny.

Liberté. Art. 14. Qu'il soit procédé à un règlement pour les punitions des auteurs de libelles, et pour fixer la liberté de la presse.

### Chaumont en Vexin.

L'assemblée désire que son député demande que la liberté de la presse soit autorisée, avec les modifications nécessaires pour garantir l'ordre public et l'honneur des particuliers.

### Clermont en Beauvoisis.

La liberté de la presse, telle qu'elle doit exister chez une nation libre, honnête et qui cherche à acquérir de véritables lumières.

### Clermont-Ferrand.

Art. 9. Les États-Généraux règleront sous quelle modification il convient que la liberté de la presse soit accordée et pourvoiront à ce que le dépôt des lettres soit inviolablement respecté.

### Condom.

§ 1 : Art. 7. Liberté de la presse, sauf l'obligation de la part des auteurs et imprimeurs de signer leurs ouvrages.

## Coutances.

Art. 20. La liberté de la presse sera autorisée avec les modifications nécessaires pour garantir l'ordre public et l'honneur des
particuliers.

## Crépy-en-Valois.

Art. 31. Que la liberté de la presse ait des bornes qui rassurent
le citoyen sur sa tranquillité particulière et l'ordre public sur le
bien général.

## Dax.

Art. 13. Que la liberté de la presse soit accordée avec les bornes
convenables pour la décence, les mœurs et le repos des citoyens.

## Dijon.

Art. 20. Le droit de tout citoyen de conserver le libre exercice
de sa pensée ; en sorte que, d'une part, toute correspondance par
écrit demeure inviolable et sacrée sous le sceau de chacun, et que
nul ne puisse impunément en surprendre le secret ; que, d'autre
part, tout ouvrage auquel l'imprimeur, en France, aura mis son
nom, puisse être librement publié, sauf à répondre des écrits con-
damnables, auquel cas il ne sera procédé contre l'imprimeur ou
contre l'auteur que suivant les formes légales.

## Dôle.

Art. 13. La liberté de la presse sera assurée par un décret qui
donnera en même temps un moyen de réprimer la licence de ceux
qui pourraient en abuser par des écrits contraires à la religion, aux
mœurs et à l'honneur des citoyens.

## Douai.

Art. 11. La liberté de la presse sera accordée, et néanmoins les auteurs ou éditeurs, ou les imprimeurs, qui devront se nommer, seront responsables de tout ce qui pourrait être contraire à la religion, aux mœurs, et à la réputation ou aux intérêts des particuliers et poursuivis extraordinairement, s'il y a échet, suivant la la rigueur des ordonnances.

### Dourdan.

Que la liberté de la presse soit accordée, sauf à l'auteur et à l'imprimeur d'être responsables de l'ouvrage ; et les États-Généraux détermineront les restrictions les plus fortes pour empêcher que cette liberté ne dégénère en licence.

### Évreux.

Que la liberté de la presse doit être accordée indéfiniment, sauf la responsabilité personnelle devant les tribunaux ordinaires.

### Forcalquier.
#### Bailliage secondaire de Digne.

La liberté de la presse sera accordée indéfiniment sauf les réserves qui pourraient être faites par les États-Généraux.

### Guéret.

Les députés s'occuperont des moyens d'assurer la liberté politique qui produit la sûreté personnelle et la liberté civile qui rend les propriétés inviolables, sans oublier la liberté légitime de la presse.

### Laon.

Art. 13. La liberté de la presse, sous les conditions utiles que les États-Généraux jugeront nécessaires d'y imposer.

*Lectoure.*

Art. 15. Que la liberté indéfinie de la presse soit établie par la suppression absolue de la censure à la charge pour l'imprimeur d'apposer son nom à tous les ouvrages et de répondre personnellement lorsque l'ouvrage ne sera pas signé de l'auteur ou qu'il le sera par quelqu'un d'inconnu contre lequel il ne serait pas possible de faire les poursuites de tout ce que ces écrits pourraient contenir de contraire à la religion dominante, à l'ordre général, à l'honnêteté publique et à l'honneur des citoyens.

*Lille.*

Art. 12. Établir la liberté indéfinie de la presse par la suppression absolue de la censure et de la nécessité des priviléges, à la charge par les auteurs et imprimeurs de mettre leurs noms à tous les ouvrages quelconques, et de répondre personnellement et solidairement de tout ce que les écrits pourraient contenir de contraire à la religion dominante, à l'ordre général, à l'honnêteté publique et à l'honneur des citoyens.

Défendre, sous les mêmes peines, et même sous celle de punition corporelle, à toutes personnes de vendre, distribuer, ou colporter aucun écrit imprimé chez l'Étranger, dans lequel la licence se serait permis des écarts légitimement répréhensibles.

*Limoux.*

Art. 15. Que la liberté de la presse sera indéfinie, à la charge par 'imprimeur de ne recevoir que des manuscrits signés de l'auteur, de se conformer aux règlements sur l'imprimerie fixés par les États-Généraux, et de répondre personnellement de tout ce que ces écrits pourraient contenir de contraire à la religion, à l'ordre général, à l'honnêteté publique et à l'honneur des citoyens.

*Loudun.*

Art. 3. Que la liberté de la presse soit accordée avec des modifications.

## Lyon.

Constitution. Art. 2. Que la liberté de la presse sera indéfinie à l'avenir, sur toutes les matières qui auront rapport à l'administration, à la politique, aux sciences et aux arts; sauf aux États-Généraux à statuer sur les précautions à prendre pour que les mœurs, la religion et les personnes soient respectées dans les écrits imprimés

## Le Mans.

Art. 13. Le secret du commerce épistolaire sera respecté, et la liberté de la presse établie sous telles réserves claires et précises qui paraîtront convenables aux États-Généraux.

## Mantes et Meulan.

La déclaration des droits quant aux personnes :

Art. 3. Que tout individu jouira de la liberté d'écrire et d'imprimer, sans que la liberté d'écrire puisse être gênée par l'ouverture clandestine des lettres, et sans que personne puisse être recherché et soumis à une peine pour ce qu'il aurait dit, imprimé ou distribué, à moins que (conformément à l'article 1er), il ne résulte de ces discours, de cette impression et de cette publicité, une violation du droit d'autrui, déclarée telle par la loi.

Nous pensons que dans ce cas on peut prévenir tous les inconvénients de l'abus de la liberté, en rendant l'imprimeur responsable s'il ne fait pas connaître l'auteur.

## Marseille.

Art. 7. La liberté de la presse, avec la réserve de la signature de l'auteur ou de l'imprimeur.

*Meaux.*

Constitution : Art. 9. Que la liberté de la presse sera établie
sans restriction ; mais il sera fait une loi pour rendre responsables les auteurs, et à défaut de leur représentation, les imprimeurs,
de ce que l'ouvrage contiendra, et que cette responsabilité ne
pourra être exercée que suivant les formes légales, et devant les
tribunaux ordinaires.

*Melun et Moret.*

Art. 4. Que les États-Généraux, de concert avec le Roi, statueront sur la liberté de la presse, et sur les moyens de connaître,
juger et punir ceux qui en abuseraient ainsi que sur la sûreté
inviolable des lettres missives et des relations de confiance, lorsqu'elles ne pourront jamais faire titre d'accusation contre aucun
citoyen.

*Mende.*

Art. 4. Demander la rédaction d'une loi qui établisse la liberté
légitime de la presse sous la réserve qui sera jugée convenable
par les États-Généraux.

*Metz.*

Art. 17. Que la liberté de la presse soit établie avec les modifications qui seront jugées nécessaires par les États-Généraux.

*Montargis.*

De la liberté individuelle : Art. 5. Il sera libre à toute personne
de faire imprimer livres, mémoires, observations, etc. etc. sous
la condition que le manuscrit sera signé de l'auteur ; l'imprimeur
en sera dépositaire et responsable au moins pendant trois mois,
nous en rapportant aux États-Généraux pour statuer sur la peine

que pourront encourir les auteurs et imprimeurs, en cas de con-
travention.

### *Montbrison.*

Que la liberté indéfinie de la presse soit établie de telle manière
que l'imprimeur demeure seul garant de ses ouvrages, lorsque
l'auteur n'en sera pas connu.

### *Montfort l'Amaury et Dreux.*

Voir le cahier commun des trois ordres au Tiers État.

### *Montpellier.*

Liberté publique et individuelle : Art. 3. La liberté de la presse
tient essentiellement à la liberté de penser ; elle est nécessaire
au progrès des lumières, mais il est sage d'en prévenir les excès.
Votre Majesté est suppliée d'anéantir le régime actuel de la
librairie, de permettre la publication et impression de tous
ouvrages, à condition néanmoins qu'ils seront revêtus des noms
de l'auteur et de l'imprimeur, et sans préjudice des poursuites
qui pourraient être faites contre eux à la requête du Ministère
public, ou des parties intéressées, lorsque les écrits contiendront
des assertions contraires à la foi ou aux mœurs, attentatoires au
gouvernement ou injurieuses à des particuliers.

### *Montreuil-sur-Mer.*

Liberté de la Presse. Comme il est important, Sire, que Votre
Majesté soit informée des abus et des désordres qui pourraient se
glisser dans l'administration des affaires publiques et que le passé
ne nous a que trop instruit que ce ne sont pas ceux qui approchent de plus près la personne des rois qui les leur font connaître,
nous supplions Votre Majesté de donner à la presse une liberté
assez grande pour qu'elle puisse être un moyen de plus pour lui

communiquer ce que les citoyens éclairés auront à lui faire parvenir et qu'il leur soit suffisant de signer leur nom. Le choc des idées, Sire, éclaire les administrateurs bien intentionnés, et s'il faut un frein à ceux qui ne le sont pas, il n'en est point de plus puissant que la crainte d'être livré au juste ressentiment de son Roi et de se voir dénoncer à l'opinion publique.

### Moulins.

Art. 11. Que les États-Généraux s'occupent d'une loi qui assure la liberté légitime de la presse et qui ordonne que le secret de tout écrit de confiance soit constamment respecté et ne puisse être violé dans aucun cas.

### Nancy.

Art. 7. Que la liberté de la presse sera désormais sans réserve à charge néanmoins de l'inscription du nom de l'imprimeur et de sa garantie, sauf son recours contre l'auteur.

#### Bailliage secondaire de Lunéville.

Art. 9. Que la censure soit supprimée et la liberté de la presse assurée, en rendant toutefois les auteurs et imprimeurs garants de leurs productions.

#### Bailliage secondaire de Nomeny.

Art. 6. Que la liberté de la presse sera autorisée sans aucune censure, à la charge par l'imprimeur, d'apposer son nom à tous les ouvrages sortant de son imprimerie, et de répondre personnellement, lui ou l'auteur, de tout ce que les écrits pourraient contenir de contraire à la religion dominante, à l'ordre général, à l'honnêteté publique et à l'honneur des citoyens.

### Nemours.

Art. 13. Que la liberté de la presse soit accordée, sauf les réserves qui pourraient être faites par les États-Généraux.

### Nevers.

Chap. II. Art. 3. La liberté de la presse sera accordée avec les restrictions que les États-Généraux jugeront convenables.

### Nîmes.

Mandat : Art. 5. La liberté de la presse sous les restrictions jugées indispensables pour en prévenir la licence.

### Orléans.

Instructions libres. Art. 6. Qu'on autorise la liberté légitime de la presse.

### Pamiers.

Art. 4. Établir la liberté de la presse, à la charge par l'imprimeur d'apposer son nom et de répondre personnellement, ainsi que l'auteur de ce que les ouvrages imprimés pourront contenir de contraire aux lois, à l'honnêteté publique et à l'honneur des citoyens.

### Paris (intramuros)[1].

Articles impératifs : Que la presse sera libre et qu'une loi particulière définira clairement et avec précision quels seront les délits en pareille matière, et par quelles peines ils seront réprimés et punis.

---

[1] Paris avait été divisé en vingt tronçons ou comme disent les procès verbaux, en vingt départements pour nommer les électeurs de la noblesse qui devaient procéder au choix définitif des dix députés aux États-Généraux. Chaque département dressa un cahier sommaire de ses doléances. Toutes ces demandes particulières furent fondues et se retrouvent groupées dans le cahier général de la noblesse de Paris.

———

*Premier département (Châtelet).*

Les citoyens nobles du premier département ont arrêté qu'ils imposaient d'avance aux députés qui seraient choisis en leur nom par ces représentants, la condition impérative de ne point délibérer sur les subsides ni sur d'autres matières sans avoir assuré par une loi précise :
La liberté individuelle des citoyens.
La sûreté des propriétés.
La liberté légitime de la presse.

*Deuxième département (Jacobins).*

Art. 6. Que la liberté de la presse sera accordée, et ce, conformément à la loi qui sera faite à cet égard par les États-Généraux.

*Cinquième département (Bibliothèque du Roi).*

Que la liberté de la presse étant une condition essentielle de la liberté individuelle, elle soit permise avec les précautions que la sagesse des États-Généraux les portera à adopter ; que le secret des lettres soit respecté.

*Sixième département (Couvent des Récollets).*

Constitution. Art. 2. La liberté individuelle et celle de la presse seront à jamais consacrées dans la charte constitutionnelle de la nation.

*Septième département (Petits Pères de la place des Victoires).*

Art. 6. Que la liberté de la presse sera établie conformément aux lois qui seront adoptées par les États-Généraux.

*Huitième département (Prieuré Saint-Martin).*

Pouvoirs. Art. 7. Il sera avisé par les États-Généraux aux lois qui pourront assurer la liberté légitime de la presse, ainsi qu'aux moyens d'empêcher qu'il ne soit fait aucune violation au secret dû aux lettres et paquets confiés à la Poste.

*Neuvième département (St-Louis, rue St-Antoine.)*

Art. 7. Que la liberté de la presse sera accordée avec des modifications convenables.

*Dixième département (Minimes de la place royale.)*

Art. 7. Le secret des lettres missives sera inviolable et la liberté de la presse sera établie conformément aux lois que les États-Généraux rédigeront.

*Treizième département (Bernardins).*

Art. 7. La liberté de la presse avec les sages précautions à prendre par les États-Généraux.

*Quatorzième département (Sorbonne).*

Art. 4. Que la liberté de la presse soit établie, sauf les restrictions et modifications que les États-Généraux croiront devoir y mettre.

*Quinzième département (Luxembourg).*

Art. 6. Que la presse sera libre, en se conformant aux lois qui seront adoptées par les États-Généraux.

*Seizième département (Croix-Rouge).*

Art. 6. Que la presse sera libre.

*Dix-huitième département (Théatins).*

Que la liberté de la presse sera établie par une loi et le secret des lettres respecté.

*Dix-neuvième département (Petits-Augustins).*

Les lois constitutives consistent : 3ᵉ Dans les droits de liberté individuelle et tout ce qui en dérive, nommément celui de communiquer sa pensée par la liberté de la presse.

*Vingtième département (Invalides).*

Que les États-Généraux assurent la liberté de la presse, et les moyens d'empêcher d'en abuser contre les mœurs et les personnes, et que le secret des lettres sera reconnu à jamais inviolable.

*Paris (hors des murs).*

Après la vérification des pouvoirs, l'assemblée des États-Généraux une fois formée, les députés de la noblesse ne pourront, sous aucun prétexte, délibérer sur les subsides, ni sur d'autres objets, sans qu'on ait assuré par une loi précise et promulguée :

La liberté individuelle des citoyens.

La sûreté des propriétés.

La liberté de la presse.

Le secret des lettres.

### *Périgueux.*

Constitution. Que toute liberté soit accordée à la presse, sous la
condition de la signature de l'auteur et de l'imprimeur, et du
dépôt du manuscrit.

### *Péronne.*

Voir le cahier commun à la noblesse et au tiers dans le Tiers-
État.

### *Perpignan.*

Liberté de la presse. Par une suite de la liberté civile, il sera
permis de répandre toute sorte d'écrits par la voie de l'impression,
à la charge par l'auteur, éditeur ou imprimeur, d'y apposer son
nom et de répondre personnellement de tout ce que les écrits pourraient présenter de contraire à la religion, aux mœurs et à l'honneur des citoyens.

Pour prévenir les contraventions et arrêter la licence, l'imprimerie sera conservée en jurande, et les imprimeurs seront mul-
tipliés dans chaque province, jusqu'à tel nombre que les États
provinciaux estimeront convenable.

### *Poitiers.*

Art. 21. La liberté indéfinie de la presse sera établie par la suppression absolue de la censure, à la charge par l'imprimeur d'apposer son nom à tous ouvrages et de répondre personnellement,
lui ou l'auteur de tout ce que les écrits pourraient contenir de
contraire à la religion dominante, à la Constitution et aux lois du
royaume, au respect dû à la personne sacrée du roi, à l'honnêteté
publique et à l'honneur des citoyens [1].

---

[1] Nous croyons intéressant de rapprocher de cet article les observations
qu'il suggéra à un gentilhomme poitevin, le marquis d'Orfeuille. Il avait
annoté tout le cahier de la noblesse du Poitou ; voici ce qu'il dit relativement
à la presse :

« La liberté de la presse a sans doute ses inconvénients, mais ils sont bien

*Provins et Montereau.*

Constitution. Art. 8. Que la liberté de la presse soit établie en observant que nous la croyons susceptible de précautions, et que nous nous en rapportons à la sagesse des États-Généraux pour déterminer celles qu'ils croiront convenables.

*Quesnoy.*

Art. 16. Que toute personne aura la liberté de publier ses opinions, puisque l'homme ne peut être considéré comme libre quand sa pensée est esclave. La liberté de la presse devra être permise à la condition que quiconque fera imprimer un ouvrage sera tenu de signer son manuscrit, sinon que l'imprimeur en répondra, ou le vendeur dans le cas d'une impression étrangère, à l'effet d'être poursuivi suivant la rigueur des lois portées sur l'impres-

frivoles si on les compare aux avantages qu'on en peut retirer ; il vaut mieux, dit un auteur du siècle, qu'un peuple soit parfois turbulent, que s'il était éternellement abruti. Pour sentir l'importance de cette vérité, il suffit d'observer de combien de découvertes précieuses et de combien de vérités utiles nous serions privés, si les grands hommes qui en ont enrichi la littérature n'eussent consulté pour écrire que l'approbation de la censure. Les auteurs les plus célèbres ont été les plus persécutés, et leurs meilleurs ouvrages les plus blâmés, et il a toujours suffi qu'une vérité fût nouvelle pour qu'elle ait été condamnée. Accordez la liberté de la presse, vous aurez d'excellents livres, et n'y mettez pas de bornes sous peine de rendre cette liberté absolument nulle. Faites respecter la religion dominante, mais souffrez qu'on dévoile les abus dont les hommes pourraient l'avoir défigurée ; n'empêchez point qu'on parle de la Constitution pour en faire connaître les défauts ; souffrez que l'on parle des lois pour que l'on puisse connaître celles qui sont contraires aux droits de la nation ; exigez que l'on conserve le respect dû à la personne sacrée du roi, mais permettez que la vérité l'approche ; enfin ordonnez que l'on ait des égards pour le citoyen, mais que l'on puisse démasquer le vice. »

Un curieux manuscrit publié en 1839, prouve que Louis XVIII n'eut pas toujours pendant son exil les intentions libérales qu'on lui prêta par la suite. Il reproche vivement à la noblesse poitevine, « d'avoir manqué de respect au roi, d'avoir emprunté aux révolutionnaires leur langage. » Mais ce document curieux ne s'applique pas assez spécialement au point qui nous occupe pour que nous en citions davantage. (V. les Archives de l'Ouest de M. Antonin Proust.)

sion et la vente des livres contre la religion et les bonnes mœurs
et sauf aussi les autres réserves qui pourraient être jugées convenables par les États-Généraux.

### *Reims.*

Constitution : Art. 17. Que la liberté de la presse sera permise,
avec la restriction que tout écrit doit être signé par son auteur,
ou par un imprimeur connu, qui puisse répondre de l'ouvrage
offert au public.

### *Riom.*

Principes essentiels. Art. 8. Que la liberté des opinions faisant
partie de la liberté individuelle, puisque l'homme ne peut être
libre quand sa pensée est esclave, la liberté de la presse doit
être accordée ; sauf les restrictions qui seront prises par les États-
Généraux.

### *La Rochelle.*

Art. 23. L'ordre supplie Sa Majesté d'accorder la liberté de la
presse, modifiée par la sagesse des lois.

### *Rodez.*

Art. 14. Notre député demandera qu'on emploie tous les moyens
que la piété et la sagesse du roi peuvent suggérer pour réprimer
les progrès effrayants de l'irréligion et surtout la licence effrénée
de la manifester avec autant d'impunité que d'audace ; qu'on
prenne les mesures les plus propres à remédier à la dépravation
des mœurs qui en est la triste suite, et que pour y parvenir plus
facilement, les évêques soient tenus de résider dans leur diocèse.

### *Rouen.*

Constitution. Art. 17. Que la liberté de la presse soit accordée,

sauf la responsabilité personnelle des auteurs, imprimeurs et marchands.

## Saint-Quentin.

Art. 9. Sera demandée la liberté de la presse, sous la caution des
auteurs, libraires et imprimeurs.

## Saintes.

Sur la liberté. Nous pensons que nulle puissance n'a le droit de
nous priver de la propriété de notre pensée ; que tout citoyen doit
avoir la faculté de lire et d'imprimer ce qu'il pense, que toutes
lettres confiées à la poste sont un depôt sacré dont les violateurs
devraient être à jamais déclarés infâmes ; que la presse doit jouir
de la plus grande liberté comme étant de droit naturel ; que la loi
qui établira cette liberté déterminera les délits auxquels elle peut
donner lieu, et ordonnera aux imprimeurs de mettre leurs noms
au bas des ouvrages sortis de leurs 'presses, afin que ces délits
arrivant, ils puissent être poursuivis, sauf à eux à déclarer l'auteur.

## Sarreguemines.

Art. 14. Liberté générale de la presse, aux conditions que l'auteur avouera son ouvrage, et que l'imprimeur et lui signeront ;
l'imprimeur devant être en outre responsable d'un ouvrage sans
nom d'auteur.

### Bailliage secondaire de Lixheim.

Les trois ordres ne rédigèrent qu'un seul cahier. (V. au Tiers
État.)

## Saumur.

Que les États-Généraux s'occupent de la rédaction d'une loi,
portant établissement de la liberté légitime de la presse.

## *Sédan.*

### Bailliage secondaire de Mohon.

Voir au Tiers-État le cahier commun des trois ordres.

## *Semur en Auxois.*

Art. 19. Qu'il ne sera apporté aucun obstacle à la publication d'un ouvrage quelconque, auquel l'auteur ou un imprimeur français aura mis son nom ; et qu'on ne procédera contre lui qu'en employant la preuve des jurés, de manière que la religion, l'honnêteté publique et l'honneur des citoyens ne puissent être attaqués impunément.

## *Senlis.*

Seconde section : Art. 36. La liberté de la presse sera déterminée par une loi qui assujettira tout auteur ou éditeur d'un ouvrage à le signer : au moyen de quoi tant l'auteur que l'éditeur et solidairement avec l'un d'eux l'imprimeur, seront responsables de leurs ouvrages, tant au civil qu'au criminel.

## *Sens et Villeneuve-le-Roi.*

Art. 8. Liberté de la presse. L'ordre de la noblesse s'étant expliqué sur l'importance d'assurer la liberté individuelle de tout citoyen, pense que la liberté de la presse n'est guère moins désirable, par les gênes salutaires qu'elle met aux abus d'autorité; mais en insistant sur cette liberté, le député de l'ordre sera chargé de demander que tout imprimeur soit responsable des ouvrages qui paraîtraient sans le nom de leur auteur, le député pouvant s'en rapporter, pour les autres précautions et réserves jugées convenables à la sagesse des États-Généraux.

## *Sezanne.*

Chap. 1er. Articles généraux : Art. 33. La liberté de la presse avec les modifications jugées convenables par les États-Généraux.

## *Toul.*

Administration: Art. 15. Désire et demande la liberté de la presse, comme le moyen d'arrêter les entreprises contraires à l'intérêt de la nation, et de l'éclairer, sous la réserve de la responsabilité des auteurs et imprimeurs pour les libelles qui attaqueraient directement la religion, les mœurs, la réputation ou l'honneur des particuliers.

## *Toulouse.*

Art. 15. Que la liberté sera rendue à la presse, à la charge pour l'imprimeur d'apposer son nom aux écrits et de répondre personnellement de ce qu'ils pourraient avoir de répréhensible, dans le cas où il ne pourrait pas nommer et convaincre l'auteur.

## *Tours.*

Chap. Ier. Droits qui appartiennent à la nation : Art. 4. La liberté de publier ses opinions faisant partie de la liberté individuelle, la liberté de la presse sera accordée indéfiniment, en exigeant que les auteurs ou imprimeurs mettent leurs noms en tête de leurs ouvrages : les États-Généraux pourront modifier cette loi de la manière la plus convenable.

Art. 5. Telles sont les bases de la constitution sur lesquelles il est enjoint expressément aux députés de faire statuer préalablement à toute délibération relative aux finances :

1o Liberté individuelle.

2o Abolition des lettres de cachet.

3o Liberté de la presse, etc.

## *Trévoux.*

Administration et finances : Art. 13. Que la liberté de la presse soit accordée en matière de politique et d'administration seulement, sous l'obligation néanmoins de déposer à la chambre syndicale un exemplaire signé de l'auteur et d'une caution pour lui s'il n'est pas connu.

### Troyes.

Justice et police. Art. 46. Que la liberté de la presse soit accordée, à la condition néanmoins que toute personne qui fera imprimer, signera son manuscrit et se fera connaître de l'imprimeur, qui en sera personnellement responsable.

### Tulle.

Art. 11. Demander la liberté de la presse à la charge pour l'imprimeur de répondre en son propre et privé nom, de tout ce qui pourrait se trouver de contraire à la majesté du Trône, au respect dû au Souverain, à la Religion et aux bonnes mœurs, à moins que le manuscrit ne fût signé de l'auteur, auquel cas l'auteur en répondrait.

### Vendôme.

Demandes secondaires : Qu'il soit délibéré sur la liberté de la presse.

### Verdun.

États-Généraux : Art. 7. Que la liberté de la presse soit admise, sauf les modifications jugées nécessaires par les États-Généraux.

### Verdun-Rivière.

La liberté indéfinie de la presse, sauf les réserves faites par les États-Généraux.

### Vesoul.

Il sera statué sur la liberté de la presse, sur les moyens d'en prévenir les abus et de connaître, juger et punir ceux qui s'en rendront coupables.

(Voir au Tiers-État le cahier commun aux trois ordres).

## Villefranche.

Art. 3. La liberté de la presse sous les réserves qu'il plaira aux États-Généraux d'y apporter.

## Villefranche-de-Rouergue.

Police générale et bien public : Art. 52. Le gouvernement s'occupe des moyens de rendre l'entière liberté à la pressé ; mais comme cette liberté doit être assujettie à des règles, et qu'on doit lui prescrire des bornes qui soient la sauvegarde de l'honneur des citoyens, nos députés demanderont que les auteurs et imprimeurs déposent chez un notaire le manuscrit de l'ouvrage qu'ils voudront rendre public, et qu'ils soient tenus d'y apposer leur signature, à peine d'être poursuivis suivant les rigueurs des lois.

## Villeneuve-de-Berg.

Art. 15. La liberté de la presse sera accordée, pourvu toutefois que les écrits portent le nom de leurs auteurs et de l'imprimeur, afin de pouvoir poursuivre judiciairement l'un et l'autre, si lesdits écrits étaient contraires à la religion, aux mœurs, ou s'ils donnaient lieu à des plaintes personnelles, pour fait d'outrages ou de calomnies.

## Villers-Cotterets.

Art. 19. Que cette liberté individuelle entraîne nécessairement la liberté de la presse, mais qu'elle ne doit être permise qu'avec des modifications qu'exigent le bonheur public, la conservation des mœurs, la religion et le bien général.

# CLERGÉ

# CLERGÉ

---

## *Aix.*

Art. 6. Qu'il sera fait un règlement concernant l'impression et la publication des ouvrages qui peuvent favoriser les progrès des connaissances et des lumières, sans autoriser ceux qui attaquent l'autorité, la religion et les mœurs.

## *Alençon.*

Constitution : Art. 15. Permettre la liberté de la presse avec les modifications convenables.

## *Amiens-Ham.*

La liberté effrénée de la presse qui ne respecte plus rien, nécessite de sages règlements pour opposer une digue puissante devenue nécessaire contre une licence qui ne connaît plus de bornes. Le clergé d'Amiens demande avec instance que la librairie soit désormais soumise à une inspection aussi sévère qu'éclairée et qu'il soit établi une chambre composée d'un magistrat intègre, d'un homme de lettres incorruptible et d'un théologien exact qui motiveront leur jugement.

## *Angers.*

Art. 2. Que l'incrédulité qui conduit à l'oubli de tous les devoirs soit réprimée, que les écrivains licencieux qui attaquent la religion et les mœurs soient poursuivis comme fléaux de la tranquillité publique.

## *Angoulême.*

Art: 7. L'ordre du clergé ne s'oppose pas à la liberté de la presse, pourvu qu'elle soit modifiée, que les écrits ne soient point anonymes et qu'on interdise l'impression des livres obscènes et contraires aux dogmes de la foi et aux principes du gouvernement ; de quoi tout imprimeur sera responsable en son propre et privé nom.

## *Auch.*

Les rois de France, Sire, compteront toujours parmi leurs titres les plus glorieux le titre de roi Très-Chrétien, de fils aîné de l'Église et la gloire du nom Français tira toujours son principal lustre de l'attachement inviolable de la nation à la religion catholique et du zèle qu'elle témoigna dans tous les temps pour la défense de son culte, la pureté de sa morale et l'intégrité de ses dogmes. Un esprit de philosophie et d'impiété a répandu depuis quelques années dans tout le royaume un esprit de système qui altère tous les principes religieux et politiques, qui a porté les atteintes les plus mortelles à la foi et aux mœurs, et relâché les liens les plus sacrés de la société, effets funestes de ce nombre prodigieux d'ouvrages scandaleux, fruits malheureux de l'amour de l'indépendance, enfantés par le libertinage et l'incrédulité, où l'on attaque avec une égale audace la foi, la pudeur, la raison, le trône et l'autel, livres impies et corrupteurs qui, circulant de toutes parts, ont semé le poison dans tous les États et ont ôté au peuple Français une partie de son énergie ; le vœu le plus cher au clergé est donc le rétablissement de la foi et des mœurs ; elle charge en conséquence son député de supplier Sa Majesté de remettre en vigueur les lois si sagement établies par la piété des rois, ses prédécesseurs, contre tout ce qui peut porter atteinte à la foi et aux bonnes mœurs, et de donner une nouvelle force à celles qui peuvent les faire fleurir ; de proscrire, sous ; les peines les plus graves, l'impression, vente et distribution, de tous ouvrages qui pourraient en altérer la pureté.

### Autun.

La liberté d'écrire ne peut différer de celle de parler ; elle aura donc la même étendue et les mêmes limites; elle sera donc assurée, hors les cas où la religion, les mœurs et les droits d'autrui seraient blessés : surtout elle sera entière dans la discussion des affaires publiques ; car les affaires publiques sont les affaires de chacun.

### Auxerre.

Art. 9. Qu'il soit fait des lois sévères contre l'impression et la distribution de tous écrits opposés au respect dû à la religion, au prince et aux mœurs.

### Aigues.

Art. 5. Que l'impression et la vente des livres contraires à la religion et aux bonnes mœurs soient sévèrement prohibées.

### Bar-sur-Seine.

Art. 14. La liberté de la presse présente bien des avantages dans l'ordre public ; mais l'abus qu'on peut en faire entraîne aussi des inconvénients qui intéressent également l'État et la religion, qu'il importe de fixer les moyens de réprimer les désordres de la licence en assujettissant tout auteur à décliner son nom, et étendant la même loi à tous imprimeurs qui se seront chargés de l'impression.

### Beauvais.

3e Section. On ferait un très-grand pas vers l'amélioration des

mœurs, si les règlements veillaient davantage au maintien de
l'honnêteté publique, si les asiles de la débauche étaient fermés
soigneusement, si on ôtait au vice la liberté de marcher à visage
découvert, il se propage beaucoup moins quand il est forcé de se
cacher, si on empêchait le débit et la vente de tous ces livres per-
vers qui, sapant le fondement du trône, de l'autel et de toutes les
vertus, portent la corruption jusque dans le sein de ces hommes
grossiers que la simplicité de leur séjour et de leurs mœurs sem-
blait défendre de la contagion.

### Bellesme.

Religion : Art. 2. Empêcher la circulation des livres impies ou
obscènes.

### Béziers.

Art. 1er. Opposer une digue à ce torrent de mauvais livres qui
entraînent la décadence de la religion et qui ont jeté la nation
dans l'état d'anarchie où elle se trouve.

*Le résumé du cahier porte*: arrêter la licence de la presse, cause
de la décadence et de l'anarchie.

### Blois.

Art. 3. La liberté absolue de la presse pouvant produire les effets
les plus funestes à la religion, aux bonnes mœurs et au gouvernement, nous supplions Sa Majesté de ne pas permettre qu'elle soit
accordée sans réserve, et d'ordonner que tout imprimeur soit responsable de tout écrit qu'il aura imprimé.

### Bordeaux.

Art. 21. Nos députés concourront avec les États-Généraux pour
prévenir les inconvénients de la licence de la presse et établir en
cette partie une sage police.

## *Boulogne.*

De la liberté de la presse. Remontrer que, quel que soit le motif qui, dans ces jours d'agitation et de troubles, fait réclamer la liberté de la presse, il est de toute évidence que le gouvernement, loin de l'autoriser indéfiniment, devrait y mettre les plus grandes entraves. La quantité de mauvais livres contre la religion et les mœurs dont la France est inondée demande qu'il y soit incessamment pourvu. L'autorité du roi n'y est pas moins intéressée que celle de l'Église et de la religion, puisqu'on n'a pas craint d'annoncer au peuple le dogme aussi faux que destructeur de l'indépendance de toute puissance. L'essai qu'on fait dans le moment actuel de cette malheureuse liberté de la presse montre les horreurs qu'elle est capable de produire et confirme de plus en plus l'absolue nécessité d'en réprimer les excès. Il est donc de la sagesse de Sa Majesté de renouveler les ordonnances [1] déjà rendues sur cette matière et surtout de tenir la main à leur exécution, ou au moins d'ordonner que les ouvrages imprimés soient souscrits du nom de l'auteur et toujours au moins de celui de l'imprimeur qui pour lors deviendra responsable de ce qui pourrait être inséré contre la religion, les mœurs et le gouvernement.

## *Bourg-en-Bresse.*

Que la liberté de la presse soit modifiée de manière à mettre à couvert la religion, les mœurs et l'ordre public.

## *Caen.*

Il supplie d'arrêter la licence des écrivains par l'exécution des règlements faits sur la librairie.

Doléances particulières présentées par le curé de Bretteville. Art. 3. Demander qu'il soit défendu sous les plus rigoureuses peines d'imprimer ou de vendre aucun livre contre la religion, contre les bonnes mœurs ou contre le respect dû au roi.

[1] Édits de 1547 et 1551.

### Cahors.

Art. 3. Ils solliciteront une loi pour le rétablissement des mœurs publiques audacieusement outragées. Le moyen le plus efficace serait de réprimer la trop grande liberté de la presse, d'arrêter la circulation des livres qui attaquent la foi, les mœurs, l'autorité royale, par la poursuite sévère des auteurs, imprimeurs, colporteurs.

### Calais.

Que la liberté de la presse ne s'étende pas aux objets contraires à ces articles essentiels (la religion et les mœurs) et au respect dû à la Majesté Royale.

### Castelmoron.

Art. 23. Le député demandera la liberté de la presse pour les auteurs qui se déclareront, les imprimeurs restant néanmoins responsables.

### Castelnaudary.

Que la liberté de la presse ne s'étende pas sur les ouvrages qui intéressent la religion et les mœurs.

### Castres.

Art. 2. Que la liberté de la presse soit sévèrement et plus fortement prohibée et qu'il soit défendu d'imprimer et de distribuer toutes sortes d'ouvrages contraires à la religion, au gouvernement et aux mœurs.

### Caudebec.

Mandats relatifs à l'administration ecclésiastique : Art. 4. Que

les lois sur la prohibition des mauvais livres soient rigoureuse-
ment observées ; qu'on punisse exemplairement les auteurs et tous
ceux qui imprimeront et répandront dans le public ces productions contagieuses et qu'en conséquence on prenne les plus grandes
précautions pour arrêter et circonscrire la trop grande liberté de
la presse et aussi les gravures licencieuses.

### Châlon-sur-Saône.

Art. 16. Le roi ne tolérera pas que l'éducation de la jeunesse
déjà défectueuse soit encore pervertie par la multiplicité des mauvais livres. La liberté de la presse peut avoir des avantages ; mais
ce ne sera jamais dans ce qui corrompt les mœurs et outrage la
religion.

Le clergé de Châlon-sur-Saône demande que tout auteur et imprimeur soient obligés de mettre leurs noms à tous leurs ouvrages.

### Charolles.

Art. 31. Que la liberté de la presse soit renfermée dans de justes
bornes, de manière que ni la religion, ni le gouvernement, ni les
mœurs n'en puissent souffrir.

### Chartres.

Licence des presses. Il demande au roi, avec les instances les
plus vives et les plus pressantes, de prendre incessamment les
moyens que dans sa sagesse il jugera les plus propres à mettre
un frein à la scandaleuse licence des presses. Cette foule de productions qu'enfante l'esprit d'incrédulité et de libertinage, où l'on
attaque avec une audace effrénée la foi et la pudeur, ne bornent
plus dans l'enceinte des villes leurs funestes ravages. Le ministère
des curés les met à portée d'assurer qu'elles pénètrent jusque dans
la chaumière du laboureur, et que déjà elles altèrent d'une manière effrayante pour l'avenir, l'innocence et la simplicité des
mœurs des habitants de la campagne.

### *Châteauneuf en Thimerais.*

Progrès de l'irréligion. Nous voyons avec la plus vive douleur paraître chaque jour et circuler dans les campagnes une multitude incroyable d'écrits où régne l'esprit du libertinage, de l'incrédulité et de l'indépendance ; où l'on attaque avec une égale audace la foi, la pudeur, le trône et l'autel. Nous prions instamment le roi d'arrêter le cours de ces séditieux écrits, et de ne pas souffrir qu'ils infectent du poison de leurs opinions des citoyens paisibles.

### *Clermont-Ferrand.*

Que le roi réprime avec force cette multitude d'impies, d'incrédules, de philosophes téméraires qui osent parler hautement et sans-gêne, ou écrire contre les dogmes et la morale de cette religion sainte ; si sans crainte on peut ainsi publiquement outrager la divinité, respectera-t-on le roi? et si on attaque impunément l'autel, le trône demeurera-t-il inébranlable ?

Que bien loin d'autoriser par une loi la liberté de la presse qui n'existe que trop par le fait et dégénère en licence, Sa Majesté soit suppliée d'y mettre un frein et d'en arrêter le cours, en renouvelant toutes les anciennes défenses sur cet objet; qu'il ne soit pas loisible à tout individu de la société de faire imprimer et publier ses idées et ses systèmes, souvent le fruit d'une imagination exaltée et plus propres à semer le trouble qu'à éclairer ; que recherches sévères soient faites des auteurs, éditeurs, imprimeurs et distributeurs de tous écrits contre les mœurs, la religion et le gouvernement.

### *Condom.*

Mauvais livres: 2°. La facilité pernicieuse avec laquelle les mauvais livres se répandent dans le royaume exige que les États-Généraux procurent l'exécution des vues que le clergé de France a manifestées dans plusieurs de ses assemblées sur cet objet intéressant.

### Crépy-en-Valois.

Art. 3. Rien n'étant si pernicieux à la religion et aux mœurs que les mauvais livres, il serait à désirer que le gouvernement prît des mesures assurées pour en empêcher la circulation et la vente, et que les ministres de l'Église n'eussent plus à gémir de son inconséquence, en semblant ne les blâmer publiquement que pour leur donner plus de vogue.

### Dôle.

Art. 17. La police veillera avec plus de circonspection sur la liberté de la presse ; les arrêts et règlements seront observés à l'égard des auteurs, imprimeurs et colporteurs, pour le maintien de la religion, des mœurs, de l'obéissance due au souverain, et de l'honneur de chaque citoyen.

### Dorat.

Art. 25. La liberté de la presse étant un moyen généralement reconnu pour donner l'essor au génie, encourager les talents et les rendre utiles à la société, MM. les députés demanderont la liberté de la presse en tout ce qui ne sera pas contraire à la religion et aux mœurs.

### Douai.

Art. 4. Que les lois concernant l'impression et la vente des livres contre les bonnes œuvres et la religion soient remises en vigueur.

### Dourdan.

Art. 5. Pénétrés d'une douleur profonde à la vue du dépérissement affreux de la religion, et de la dépravation des mœurs dans le royaume, nous adressons à Sa Majesté les plus vives et les plus humbles représentations sur la cause funeste et trop connue de ce

renversement déplorable de tous les principes. Il provient évidemment de la multitude scandaleuse des ouvrages où règne l'esprit
du libertinage, de l'incrédulité et de l'indépendance, où l'on attaque, avec une égale audace, la foi, la pudeur, la raison, le trône
et l'autel, livres impies et corrupteurs répandus de toutes parts
avec la profusion et la licence les plus révoltantes, auxquels
on ne saurait opposer trop promptement les digues les plus
fortes.

### Draguignan.

Sa Majesté sera très-humblement suppliée de prendre dans son
Conseil des mesures efficaces pour empêcher l'introduction et le
débit des livres contraires à la religion et aux bonnes mœurs.

### Évreux.

Mœurs : L'oubli des principes religieux entraîne infailliblement
l'oubli des principes de la morale ; aussi dans ce siècle, où l'incrédulité a fait de si rapides progrès, on peut dire que la dépravation
des mœurs a surpassé les égarements de l'esprit ; les lois, les
usages qui paraissaient les plus inviolables à nos pères sont foulés
aux pieds. Chaque citoyen s'élève au-dessus des règles ; les crimes
et les scandales demeurent impunis et sont souvent récompensés;
des esprits inquiets et téméraires semblent avoir formé une cons-
piration pour briser tous les liens qui attachent les hommes à la
société. L'insouciance et la cupidité ont occasionné ces dépréda-
tions qui ont presque renversé l'État. Mille plumes audacieuses
réclament aujourd'hui la liberté de répandre plus universellement
par la presse les funestes conceptions d'une imagination déréglée.
Le clergé recommande instamment à ses députés aux États-Généraux, de solliciter les règlements et les établissements les plus
efficaces pour réformer les mœurs dans toutes les conditions des
citoyens ; et si les États-Généraux jugeaient que la liberté de la
presse dût être accordée, les députés du clergé demanderont qu'il
soit ordonné que les imprimeurs auront un livre signé de l'auteur, et qu'ils seront, solidairement avec les auteurs, respon-

sables pour les livres contraires à la religion, aux mœurs et aux lois.

## Forcalquier.

### Bailliage secondaire de Digne.

Religion : En désirant la liberté de la presse pour réunir sur les objets essentiels les vues et les lumières de tous les ordres, nous osons vous représenter qu'il est de la dernière importance d'arrêter l'impression et la circulation des ouvrages contre la religion et les bonnes mœurs.

## Gex.

Votre Majesté maintiendra dans ses États la religion qui chancelle... en proscrivant toute innovation dangereuse, en soutenant par son autorité les lois de l'Église, en refusant constamment la liberté de la presse dans ce qui regarde la religion et les mœurs et en ne permettant jamais l'exercice d'une autre religion que de celle qu'elle fait gloire de professer.

## Gien.

Que la liberté de la presse, excepté pour les ouvrages contraires à la religion, au gouvernement et aux bonnes mœurs, sera établie.

## Saint-Jean-d'Angely.

Art. 6. La volonté de l'ordre du clergé de la Sénéchaussée de Saint-Jean-d'Angely est que son député propose aux États-Généraux de s'occuper de la rédaction d'une loi qui établisse la liberté légitime de la presse.

## Laon.

Art. 36. Qu'en conservant à la presse une liberté raisonnable,

7

telle qu'elle suffisait aux hommes de génie qui ont immortalisé le
dernier siècle, on prenne des mesures sérieuses pour réprimer
cette licence excessive qui ne respecte plus rien, répand jusque
dans les classes du peuple et dans les campagnes une multitude
d'écrits impies, licencieux, séditieux, et non moins contraires à
l'autorité légitime qu'à la religion.

### Lectoure.

Religion : Art. 3. Représenter combien il est instant et nécessaire de prendre les mesures les plus efficaces pour arrêter les progrès du dépérissement de tous les principes civils, religieux et
moraux, occasionné par cette multitude scandaleuse d'ouvrages,
où règne l'esprit de libertinage, d'incrédulité et d'indépendance,
où l'on attaque avec tant de témérité et d'impunité la foi, la pudeur, le trône et l'autel.

### Libourne.

Administration temporelle et spirituelle de l'Église. Quant à la
liberté de la presse, la Chambre, après avoir mûrement discuté
cet objet, a pensé que dans aucun cas le clergé ne pouvait entrer
en composition avec la corruption et l'erreur, et que la prohibition
absolue et l'interdiction sans réserve de tous les livres contre la
religion ou les mœurs, avec ou sans noms d'auteur et d'imprimeur, était le seul langage que le clergé pût tenir, comme le
seul sentiment qu'il pût professer.

### Lille.

Art. 26. Pour l'intérêt de l'État, il importe de protéger une
religion qui fait un devoir de la soumission envers les puis-
sances, qui en fait un autre de la pureté des mœurs, sans laquelle
toute société à la longue se corrompt et se dissout, d'ordonner
aux Cours, aux tribunaux inférieurs, et à tous les juges de police
quelconques de tenir sévèrement la main, et sans dissimulation,

à l'exécution ponctuelle des lois et règlements portés contre les blasphèmes et les profanations; contre tous actes irrespectueux, soit pour la religion, soit pour le culte; contre les auteurs, imprimeurs et colporteurs de cette foule innombrable de livres et pièces de théâtre, où l'art le plus criminel s'efforce de saper les fondements de la foi et des mœurs; contre les scandales publics qui nourrissent et propagent le libertinage également destructeur de la vertu et de la population.

### *Limoges.*

Intérêts de la religion : Art. 3. Mauvais livres. Pénétrés d'une douleur profonde à la vue du dépérissement affreux de la religion et des mœurs dans tout le royaume, consternés de voir dans notre province, jusqu'à présent dépositaire si fidèle des vérités de la foi, se glisser sourdement l'impiété et le libertinage, qui la suit toujours, nous adressons à Sa Majesté les plus vives et les plus humbles représentations sur la cause funeste et trop connue de ce renversement de tous les principes.

Il naît évidemment de la multitude scandaleuse de ces ouvrages anti-chrétiens, où l'on attaque avec audace l'Évangile, la pudeur, la raison, le trône et l'autel. On ne saurait opposer de trop fortes digues à la publicité de ces livres impurs, corrupteurs et incendiaires, répandus de toutes parts, avec la profusion et la licence les plus violentes.

Le clergé est vivement effrayé d'entendre solliciter, avec tant d'empressement, la liberté indéfinie de la presse, et verrait avec douleur qu'elle ne fût pas restreinte dans des bornes justes et sages.

### *Limoux.*

Art. 2. La proscription d'une foule d'ouvrages qui sapent et le trône et l'autel. Une punition exemplaire arrêterait l'audace et la témérité de ces auteurs que le libertinage d'esprit et de cœur enfante et que l'impunité enhardit. Leur esprit, dirigé vers des objets plus utiles pourrait devenir une source de lumière pour la religion et un secours pour la patrie.

### Lyon.

Art. 17. Que si l'on jugeait à propos d'étendre la liberté de la presse, ce que l'ordre du clergé ne saurait désirer, elle ne soit jamais tellement illimitée qu'elle puisse nuire à la religion, aux mœurs, et à la réputation des personnes, et qu'ainsi les lois du royaume relatives à cet objet soient renouvelées et exécutées.

### Le Mans.

Administration : Art. 5. Que la liberté de la presse soit telle qu'elle conserve à la religion et aux mœurs le respect qui leur est dû.

### Mantes et Meulan.

Religion : Art. 4. Le clergé pénétré d'une douleur profonde à la vue du dépérissement de la Religion et des mœurs dans tout le royaume adresse à Sa Majesté les plus humbles et les plus vives représentations sur la cause funeste et trop connue de ce renversement déplorable de tous les principes, qui provient évidemment de la multitude scandaleuse des ouvrages où règne l'esprit de libertinage, d'incrédulité et d'indépendance, où l'on attaque avec une égale audace la foi, la pudeur, la raison, le trône et l'autel : livres impies et corrupteurs, répandus de toutes parts avec la profusion et la licence la plus révoltante, auxquels on ne peut opposer trop promptement les digues les plus fortes.

Art. 5. Demander une loi qui, en renouvelant les anciennes, proscrive d'une manière efficace cette foule d'écrits qui se répandent de tous côtés contre la Religion, en sorte que son exécution ne se borne pas à une simple formalité judiciaire, mais qu'il soit fait une information sérieuse et suivie contre les auteurs, imprimeurs et colporteurs, et qu'il soit prononcé contre eux une peine plutôt infamante qu'afflictive dans la proportion du délit.

Art. 6. Que cette loi s'étende à tous les écrits licencieux et obscènes qui corrompent les mœurs de la jeunesse, qui souvent entretiennent la corruption, et en infectent l'âge le plus avancé.

Art. 7. Que la même loi proscrive ces peintures, ces gravures lascives qui corrompent le cœur par les yeux.

Art. 8. Il serait à souhaiter qu'il fût établi, surtout dans la capitale, un comité ecclésiastique (par exemple la Faculté de théologie), chargé de veiller à l'exécution de ces lois, et autorisé à dénoncer légalement ces sortes d'ouvrages au ministère public, après les avoir examinés, en avoir analysé les erreurs et les avoir combattues par une réfutation sommaire ; que sur cette dénonciation le ministère public fût tenu d'en faire son rapport au Tribunal qui en doit connaître.

## Marseille.

Art. 2. Prions sa Majesté de prendre en considération le projet de loi qui lui a été présenté par l'assemblée du clergé de 1782 pour remédier aux maux qu'occasionnent les livres contre la religion et les mœurs.

A la suite du cahier nous trouvons un mémoire des députés du bas clergé de Marseille rédigé par un chanoine de St-Victor, nommé Bausset, chargé de réparer les omissions ou les oublis du cahier principal du clergé. Nous en extrayons le passage suivant relatif à notre sujet :

14° Le clergé de Marseille demandait la liberté de la presse, mais en même temps qu'elle ne fût point indéfinie pour les objets de dogme et de foi. Nulle mention de cet article dans les cahiers. [1]

---

[1] Un membre du clergé de Marseille, le curé Amic, commissaire rédacteur du cahier de Marseille, adressa aussi à Necker un mémoire contenant ses observations personnelles « pour suppléer dit-il au cahier du clergé de Marseille que le temps ne nous a pas permis de rédiger comme nous le devions. » Voici le passage de ce mémoire relatif à la presse :

« Nous demandons la prohibition des livres qui attaquent la Religion. Jamais

*Melun et Moret.*

Art. 9. Il sera en outre libre de faire imprimer et publier tout ouvrage, sans avoir besoin préalablement de censure et de permission quelconque ; mais les peines les plus sévères seront portées contre ceux qui écriraient contre la religion, les mœurs, la personne du Roi, la paix publique, et contre tout particulier : ordonnant aux gens du Roi et aux cours d'y tenir la main ; permettant à tout citoyen d'en poursuivre la punition, à quel effet le nom de l'auteur et de l'imprimeur devra se trouver en tête du livre.

*Mende.*

Art. 3. Réprimer la liberté de la presse en proscrivant tous les écrits qui attaquent la religion, contraires aux bonnes mœurs, et diffamatoires.

*Metz.*

Justice et Police : Art. 8. Que par respect pour la religion, les mœurs et les lois, tous les ouvrages de librairie continuent d'être soumis à la censure, et que les contraventions, tant de la part des censeurs que de celle des auteurs et imprimeurs, soient punies suivant la rigueur des lois.

*Montargis.*

De la religion : Art. 5. Que Sa Majesté soit suppliée d'employer

---

l'impiété ne s'allia avec les bonnes mœurs. Il s'est répandu une mauvaise philosophie bien différente de celle qui avait autrefois formé tant de sages, tant d'hommes d'état, tant de généraux, tant d'orateurs et tant d'autres grands hommes : elle doit être proscrite. Il est des philosophes qui ne cessent d'infecter les esprits de mille erreurs, bien différents de ceux que Platon voudrait placer à la tête du gouvernement ; mais tout semblables à ces sophistes qui déshonoraient la philosophie, qui répandaient la corruption parmi la jeunesse. Ce sont des hommes pernicieux à l'État. »

plus de sévérité contre les auteurs et vendeurs de livres si multi-
pliés, également attentoires à la sainteté de la Religion, à la majesté du trône et à la pureté des mœurs ; et puisque les auteurs ne
se regardent pas comme punis par la condamnation de leurs ouvrages, qu'ils soient soumis, jusqu'à résipiscence, à d'autres corrections humiliantes.

### Montbrison.

Mettre un frein à la licence de la presse ; la permettre pour les
seuls ouvrages qui ne blessent ni la religion, ni les mœurs, ni le
respect dû au monarque et aux lois.

### Mont-de-Marsan.

Art. 1. Le clergé affligé de tant de malheurs demande qu'on
réprime efficacement cette malheureuse liberté qu'une philosophie
impie a introduite ; de faire imprimer et débiter les ouvrages
contre la religion , et qu'on arrête le cours de cette inondation de
brochures licencieuses qui dépravent les mœurs.

### Montfort-l'Amaury et Dreux.

Voir le cahier commun des trois ordres au Tiers-État.

### Montpellier.

Art. 18. Que la liberté de la presse soit prohibée pour tout ce qui
est contraire à la religion, aux bonnes mœurs et à la tranquillité
publique.

### Moulins.

Police : Art. 1. La réforme des mœurs, la prohibition rigoureuse
de tous les mauvais livres, le renouvellement des édits, déclara-
tions et ordonnances concernant le maintien de la religion.

### Nantes.

Art. 2. Qu'il soit pris des mesures pour réprimer la licence de la presse et de la librairie et pour arrêter les progrès effrayants de l'irréligion, du luxe et de la dépravation des mœurs [1].

## Nîmes.

Art. 1. Que le Roi emploie son autorité pour arrêter les progrès de l'irréligion et de la corruption des mœurs en perfectionnant l'éducation publique de la jeunesse et en ordonnant de plus fort l'observation des règlements de police sur la sanctification des dimanches et fêtes et sur la prohibition des livres pernicieux.

## Paris (intra muros).

Art. 22. Qu'il soit pourvu à la conservation des mœurs de la jeunesse et de tous les citoyens, en interdisant tout ce qui tend directement à les corrompre, et spécialement les livres impies et obscènes, l'exposition si connue aujourd'hui des statues, peintures, gravures indécentes, etc.

Art. 23. Que la licence de la presse soit réprimée, et que, par de bons et sages règlements, on prévienne tous les abus qui peuvent porter atteinte à la religion, au gouvernement et aux mœurs.

## Paris (hors les murs).

Chapitre I. Religion : Art. 2. Que la licence de la presse soit réprimée ; que, conformément aux ordonnances concernant la librairie, aucun ouvrage ne puisse être imprimé ou débité dans le royaume, à moins qu'au préalable il n'ait été examiné et que

---

[1] L'excellent travail que M. Antonin Proust a publié sous ce titre, *Les Archives de l'Ouest*, donne le cahier de l'assemblée diocésaine de Nantes d'après les Archives de la ville ; il est regrettable qu'il ait cru devoir omettre les autres cahiers du clergé breton qui d'ailleurs, dit-il « ne diffèrent pas essentiellement de celui-ci et paraissent avoir été rédigés sur un même mot d'ordre. »

l'impression ou la distribution n'en ait été permise, et qu'il soit nommé des commissaires qui veillent à ce qu'on n'expose en vente et ne publie aucuns livres ni brochures contraires à la religion, aux mœurs et au gouvernement.

## Péronne.

Préambule. Nous conjurons l'assemblée nationale d'obtenir de Sa Majesté les ordres les plus formels pour arrêter l'impression et la circulation des mauvais livres, également contraires aux principes du Christianisme, à l'honnêteté des mœurs publiques, et aux droits sacrés de l'autorité souveraine. L'impunité avec laquelle se propagent dans le royaume ces scandaleuses productions de l'impiété, sape les fondements du trône et de l'autel ; et le délire des principes dominants atteste assez combien les intérêts de la religion et de la société sont indivisibles.

## Poitiers.

Art. 18. Ils renouvelleront au pied du trône les instances que le clergé de France y a si souvent portées pour contenir l'audace de ces écrivains, apôtres de l'impiété et de la corruption, qui depuis sans respect pour le trône et l'autel, ne tendent qu'à en renverser les fondements, et qui déjà nous étonnent par leurs malheureux succès ; si la liberté de la presse leur est accordée et l'impunité assurée, leur audace ne connaîtra plus de bornes. L'on demandera que les peines les plus sévères soient prononcées contre eux et contre ceux qui auront la témérité de colporter leurs ouvrages ; que les imprimeurs en répondent aussi longtemps qu'ils n'en feront pas connaître les auteurs.

## Provins.

Religion. Art. 4. La licence de la presse enfante chaque jour une multitude d'ouvrages scandaleux, où règne l'esprit de liber-

tinage et d'incrédulité, une audace sacrilége contre la foi, la pudeur, la raison, le trône et l'autel : la licence de la presse pénètre
le clergé de la plus profonde douleur. Il demande en conséquence
que cette licence à laquelle on ne saurait opposer trop promptement les digues les plus fortes, soit enfin resserrée dans de justes
bornes ; elle sera réprimée en obligeant les auteurs à se nommer,
afin de répondre devant les tribunaux de ce que ces ouvrages auraient de dangereux et de répréhensible, et les libraires et imprimeurs à faire la déclaration des livres et des auteurs.

### *Puy-en-Velay.*

Religion : Art. 3. Faire mettre des bornes à la liberté indéfinie de
la presse, comme également préjudiciable aux mœurs, à la religion, à l'autorité, à l'honneur des citoyens et à la tranquillité publique.

### *Reims.*

Police et mœurs : Art. 2. Il demande, pour arrêter la décadence
rapide de la foi et des mœurs, qu'on sévisse selon toute la rigueur
des ordonnances contre les auteurs, imprimeurs, distributeurs,
colporteurs de livres contraires à la religion et aux bonnes
mœurs.

### *Riom.*

Art. 2. Les sources empoisonnées de l'irréligion s'étant multi-
pliées presque à l'infini dans ces temps malheureux, les députés
demanderont les lois les plus expresses et les plus sévères contre
la liberté de la presse que nous regardons comme le germe le
plus fécond de l'incrédulité, de la dépravation des mœurs, et de
l'esprit d'indépendance qui fait aujourd'hui le système dominant.

### *Rodez.*

Ch. 8 : Art. 4. Sa Majesté sera suppliée de réprimer la licence de la presse, et néanmoins d'en régler l'usage, en accordant à ce sujet toute la liberté désirable par une loi particulière à cet objet. Il sera permis d'imprimer, sans approbation de censure et sans permission de la police, tout ouvrage que l'on voudra publier. Mais tout imprimeur sera obligé de mettre son nom à chaque exemplaire de l'ouvrage publié ; il sera responsable du contenu dudit ouvrage jusques à ce qu'il en ait indiqué l'auteur. La loi qui permettra cette liberté de la presse portera les peines les plus sévères contre tout auteur qui se serait avisé d'écrire contre la religion, les mœurs, la personne sacrée du roi, ou la réputation d'un citoyen.

*Rouen.*

Art. 4. Pour prévenir les suites infiniment dangereuses de la liberté de la presse, les députés, dans le cas où cette liberté serait accordée contre le vœu du clergé, demanderont que tout imprimeur soit obligé de mettre son nom au bas des ouvrages qui sortiront de sa presse, et qu'il soit responsable des faits faux, diffamants ou scandaleux qui pourraient y être insérés , et que l'on condamne à des peines sévères tous les auteurs, libraires ou colpoteurs qui seraient convaincus d'avoir composé ou distribué des ouvrages contre la religion ou les mœurs.

*Saintes.*

Art. 11. La liberté de la presse. Le clergé pense que cette liberté doit être restreinte plutôt qu'étendue. Depuis plusieurs années les ouvrages contre la religion et les mœurs ont une libre circulation, et qu'en est-il résulté ? La destruction de tous les principes. La liberté, qu'on veut appeler légitime, deviendrait bientôt une licence effrénée. S'il y a eu tant d'excès sous un régime de gêne et de contrainte, diminueront-ils, ces excès, lorsqu'on aura ôté une partie des entraves qui contiennent aujourd'hui les auteurs et les imprimeurs ? Ce serait en vain qu'on prendrait la précaution de ne laisser répandre aucun écrit sans nom d'auteur et d'imprimeur ; cette précaution serait illusoire. Combien d'auteurs audacieux qu'aucune considération n'arrêterait ! Combien d'auteurs protégés qui échapperaient à la sévérité des lois! Dans un siècle irréligieux et immoral combien de systèmes funestes qu'on voudrait faire passer pour des vérités utiles, tandis que les réclamations des gens les plus sages et les plus éclairés passeraient pour le cri de l'ignorance et du fanatisme ! D'ailleurs, au moment où un ouvrage condamnable serait dénoncé, il aurait déjà fait tout le mal qu'il aurait pu faire, et le remède, beaucoup trop tardif, n'arrêterait point l'activité du poison.

Le roi est supplié de ne pas permettre qu'un auteur, dont les écrits auront blessé la religion ou les mœurs, soit jamais reçu dans aucune compagnie littéraire.

## *Sarreguemines.*

Art. 22. Comme les mauvais livres inondent tout le pays et corrompent les mœurs, Sa Majesté sera suppliée de réprimer cette licence, en défendant sous telles peines qu'il lui plaira édicter, aux imprimeurs d'imprimer aucun livre ou brochure, sans connaître l'auteur, et sans que son nom soit imprimé pour avoir recours, le cas échéant.

### Bailliage secondaire de Bouzonville.

Art. 7. La liberté de la presse est absolument indispensable, à charge que les noms de l'auteur, de l'imprimeur et du lieu de l'impression seront mis sur chaque ouvrage.

### Bailliage secondaire de Dieuze.

Art. 13. Modération de la liberté de la presse.

Voir pour Sarreguemines-Lixheim le cahier des trois ordres réunis, au Tiers-État.

## *Saumur.*

Chap. 1er. Des lois : Art. 10. Liberté de la presse. L'auteur et l'imprimeur seront néanmoins punis selon les lois, à raison de tout ce qui, dans leurs productions, serait contraire à la religion, au gouvernement, aux bonnes mœurs, et à l'honneur des citoyens.

### Bailliage secondaire de Mohon.

Voir au Tiers-État le cahier commun des trois ordres.

## *Sens.*

Art. 2. Les conciles provinciaux renouvelleraient ces saints décrets qui proscrivaient la fureur des productions licencieuses en tout genre, et surtout en matière de religion, qui de la capitale vont inonder les provinces, percent jusque dans les campagnes, corrompent en même temps l'innocence et la foi de leurs simples habitants ; les germes d'impiété qu'ils y répandent y font naître cet esprit d'indépendance capable de soulever les empires, et de préparer, pour le dernier des malheurs, celui d'une affreuse anarchie.

## *Toul.*

Demande que les lois sur la défense d'imprimer, vendre ou colporter des livres ou autres écrits contraires à la religion, aux bonnes mœurs, et à l'ordre public, soient remises en vigueur, et prononcent une peine grave contre les délinquants.

### Bailliage secondaire de Vic.

Art. 30. La liberté indéfinie de la presse donnerait de justes alarmes au clergé ; il est absolument nécessaire de la surveiller avec vigilance et de la contraindre à respecter la religion et les mœurs.

### *Tours.*

Mœurs publiques : Art. 33. Contre les mauvais livres. [1]

### *Tulle.*

Art. 1. Supplie Sa Majesté de protéger la religion catholique, d'interdire tout culte public qui lui serait opposé... et qu'il ne soit imprimé aucun ouvrage qui ne porte le nom de l'auteur et de l'imprimeur pour les rendre solidairement responsables du contenu.

### *Vendôme.*

Art. 1, § 5. Que les peines les plus sévères soient prescrites contre les auteurs des libelles qui attaqueraient les bonnes mœurs, la religion, la personne sacrée du roi et les principes du gouvernement.

### *Verdun.*

Administration générale du royaume : Art. 20. Qu'il soit mis un frein à la liberté de la presse infiniment dangereuse dans une monarchie, surtout en matière de gouvernement et de religion.

### *Verdun-Rivière.*

Art. 5. De solliciter une loi qui défende, sous les peines les plus sévères, l'impression et le débit de tout ouvrage contraire à la foi, aux bonnes mœurs et au gouvernement.

---

[1] Nous n'avons trouvé qu'un sommaire des articles du cahier du clergé pour la Touraine ; nous avons cru devoir reproduire ce qui concerne la liberté de la presse, parce que l'esprit de l'assemblée s'y trouve suffisamment indiqué.

## *Vesoul.*

Voir au Tiers-État le cahier commun aux trois ordres.

## *Villers-Cotterets.*

Art. 27. Empêcher l'impression et la circulation des livres contraires à la religion, aux mœurs et à l'État.

———

# CONSTITUTION FRANÇAISE

DÉCRÉTÉE PAR L'ASSEMBLÉE NATIONALE CONSTITUANTE

aux années 1789, 1790, 1791

---

## DÉCLARATION DES DROITS DE L'HOMME ET DU CITOYEN

—

### ART. XI.

La libre communication des pensées et des opinions est un des droits les plus précieux de l'homme ; tout citoyen peut donc parler, écrire, imprimer librement, sauf à répondre de l'abus de cette liberté dans les cas déterminés par la loi.

## TITRE I

DISPOSITIONS FONDAMENTALES GARANTIES PAR LA CONSTITUTION

La constitution garantit, comme droits naturels et civils :

La liberté à tout homme de parler, d'écrire, d'imprimer et publier ses pensées, sans que ces écrits puissent être soumis à aucune censure ni inspection, avant leur publication.

# LISTE GÉNÉRALE

### DES CAHIERS DE DOLÉANCES

## DES BAILLIAGES ET SÉNÉCHAUSSÉES DE FRANCE

### EN 1789

# LISTE GÉNÉRALE

## DES CAHIERS DE DOLÉANCES

### DES

## BAILLIAGES ET SÉNÉCHAUSSÉES DE FRANCE

### EN 1789

Avec mention des cahiers qui ont passé sous silence
la question de la Presse et de ceux qui ne nous sont pas parvenus,

Accompagnée de la

## LISTE DES BAILLIAGES SECONDAIRES,

#### VILLES OU PAROISSES

qui, dans des cahiers de doléances préliminaires, ont consacré
un article à la Presse [1].

--------

|  | Tiers-État. | Noblesse. | Clergé. |
|---|---|---|---|
| Abbeville........... | 3 | 53 | M |
| Agen............. | 3 | 53 | R |
| Aix ............ | 3 | 53 | 87 |

### *Bailliages secondaires d'Aix :*

|  | | | |
|---|---|---|---|
| Alley ........... | 4 | » | » |
| Allauch........... | 4 | „ | » |
| Auriol............ | 4 | » | » |
| Aurons ........... | 4 | » | » |
| Berre ........... | 5 | » | » |
| Cabrières d'Aigues .... | 5 | » | » |
| Cadenet........... | 5 | » | » |
| Carri et Le Rouet .... | 5 | » | » |
| Cucuron........... | 5 | » | » |
| Éguilles ........... | 5 | » | » |

[1] La lettre M indique que le cahier manque. La lettre R que le cahier
ne contient rien sur la Presse. Enfin les guillemets signifient qu'il n'a
pas été fait de cahiers de doléances ou bien que nous en ignorons com-
plétement l'existence.

|  | Tiers-État. | Noblesse. | Clergé. |
|---|---|---|---|
| Gardanne . . . . : . . . . | 6 | » | » |
| Gemenos . . . . . . . . . | 6 | » | » |
| Guiasservis . . . . . . . . | 6 | » | » |
| La Ciotat . . . . . . . . | 6 | » | » |
| Lançon . . : . . . . . . . | 6 | » | » |
| La Penne . . . . . . . . . | 7 | » | » |
| Lauris . . . . . . . . . . . | 7 | » | » |
| Le Plan d'Haups. . . . . | 7 | » | » |
| Lorgues. . . . . . . . . . | 7 | » | » |
| Mallemort. . . . . . . . . | 7 | » | » |
| Marignane . . . . . . . . | 7 | » | » |
| Martigues . . . . . . . . . | 7 | » | » |
| Mérindol . . . . . . . . . | 8 | » | » |
| Mirabeau . . . . . . . . . | 8 | » | » |
| Miramas. . . . . . . . . . | 8 | » | » |
| Peipin-lès-Auriol . . . . . | 8 | » | » |
| Pelisanne . . . . . . . . . | 8 | » | » |
| Pertuis (bureau de) . . . . | 8 | » | » |
| Pertuis (ville de) . . . . . | 9 | » | » |
| Peynies . . . . . . . . . . | 9 | » | » |
| Peyrolles . . . . . . . . . | 9 | » | » |
| Porcioux . . . . . . . . . | 9 | » | » |
| Puget-lès-Lauris . . . . . | 9 | » | » |
| Rousset-lès-Aix . . . . . . | 9 | » | » |
| Saint-Chamas . . . . . . . | 9 | » | » |
| Saint - Julien - le - Monta-gnier . . . . . . . . . | 9 | » | » |
| Simiane . . . . . . . . . . | 10 | » | » |
| Suc . . . . . . . . . . . | 10 | » | » |
| Ventabres . . . . . . . . | 10 | » | » |
| Vernegues . . . . . . . . | 10 | » | » |
| Vinon . . . . . . , . . . | 10 | » | » |
| Vitrolles d'Aigues . . . . | 10 | » | » |
| Vitrolles - lès - Martigues. | 10 | » | » |

|  | Tiers-État. | Noblesse. | Clergé. |
|---|---|---|---|
| Alençon . . . . . . . . . . . | 10 | 53 | 87 |

*Bailliage secondaire d'Alençon :*

| Verneuil. . . . . . . . . . . | 11 | » | » |

| Amiens-Ham. . . . . . . . . | 11 | 54 | 87 |
| Angers. . . . . . . . . . . . | 11 | 54 | 88 |

*Bail!age secondaire d'Angers :*

| Château-Gontier . . . . . | 12 | » | » |

| Angoulême . . . . . . . . • | 12 | 54 | 88 |
| Annonai. . . . . . . . . . . | 12 | 54 | M |
| Arles. . . . . . . . . . . . . | M | M | M |
| Arras. . . . . . . . . . . . . | M | 54 | M |
| Auch. . . . . . . . . . . . . | 12 | 54 | 88 |
| Autun . . . . . . . . . . . . | M | M | 89 |
| Auxerre. . . . . . . . . . . • | R | 55 | 89 |
| Avesnes . . . . . . . . . . . | R | M | 89 |

*Bailliages secondaires d'Avesnes :*

| Fumay . . . . . . . . . . . | 12 | » | » |
| Givet . . . . . . . . . . . . | 13 | » | » |

| Bailleul . . . . . . . . . . . | 13 | 55 | » |

*Bailliage secondaire de Bailleul :*

| Bergues. . . . . . . . . . | 13 | » | » |

| Bar-le-Duc. . . . . . . . . . | M | R | M |

*Bailliages secondaires de Bar-le-Duc :*

| Briey . . . . • . . . . . . | 13 | 55 | » |
| Etain . . . . . . . . . . . | » | 55 | » |
| Pont-à-Mousson . . . . . | 14 | » | » |
| Villers-la-Montagne. . . . | 14 | » | » |

| Bar-sur-Seine. . . . . . . . | 14 | 56 | 89 |
| Bazas . . . . . . . . . . . . | 15 | R | R |
| Beauvais. . . . . . . . . . | M | 56 | 89 |

| | Tiers-État. | Noblesse. | Clergé. |
|---|---|---|---|
| Bellesme (Perche). . . . . . | 15 | 56 | 90 |
| Belley (Bugey). . . . . . . . | M | 57 | M |
| Besançon . . . . . . . . . . | 15 | M | M |
| Béziers. . . . . . . . . . . | M | 57 | 90 |
| Blois. . . . . . . . . . . . | M | 57 | 90 |
| Hameau de Madon . . . | 15 | » | » |
| Bordeaux . . . . . . . . . | R | 58 | 90 |
| Boulogne . . . . . . . . . . | R | 58 | 91 |
| Bourg en Bresse . . . . . . | 16 | 58 | 91 |
| Bourges . . . . . . . . . . | 17 | 58 | M |

*Bailliages secondaires de Bourges :*

| | | | |
|---|---|---|---|
| Châteauroux . . . . . . . | 17 | » | » |
| Issoudun . . . . . . . . . | 17 | » | » |
| Brest. . . . . . . . . . . | 17 | » | M |
| Saint-Brieuc. . . . . . . . | 17 | » | M |
| Caen . . . . . . . . . . . . | R | 59 | 91 |

*Bailliage secondaire de Caen :*

| | | | |
|---|---|---|---|
| Vire. . . . . . . . . . . . | 18 | » | » |
| Cahors. . . . . . . . . . . | 18 | 59 | 92 |
| Calais . . . . . . . . . . . | 18 | 59 | 92 |
| Cambrai . . . . . . . . . . | 18 | 59 | M |
| Carcassonne. . . . . . . . . | 18 | 60 | M |
| Castelmoron ( Albret ) . . . | R | 60 | 92 |
| Castelnaudary . . . . . . . . | 18 | 60 | 92 |
| Castres. . . . . . . . . . . | R | R | 92 |
| Caudebec. . . . . . . . . . | 19 | 60 | 92 |
| Châlon-sur-Saône . . . . . . | 19 | 60 | 93 |
| Châlons-sur-Marne. . . . . . | 19 | 61 | R |
| Charolles . . . . . . . . . . | R | 61 | 93 |
| Chartres. . . . . . . . . . . | M | 61 | 93 |
| Châteauneuf - en - Thime - rais (Beauce) . . . . . . . | 19 | 62 | 94 |
| Château-Thierry. . . . . . . | 19 | 62 | M |
| Châtillon-sur-Seine . . . . . | 19 | 62 | R |

| | Tiers-État. | Noblesse. | Clergé. |
|---|---|---|---|
| Chaumont-en-Bassigny. . | 19 | 64 | R |
| Chaumont-en-Vexin . . . | M | 64 | M |
| Clermont-en-Beauvoisis . | M | 64 | M |
| Clermont-Ferrand. . . . . | 19 | 64 | 94 |
| Colmar . . . . . . . . . . | 20 | R | R |
| Condom. . . . . . . . . . | 20 | 64 | 94 |
| Corse . . . . . . . . . . | 20 | M | M |
| Coutances . . . . . . . . | 20 | 65 | M |

*Bailliage secondaire de Coutances :*

| | | | |
|---|---|---|---|
| Saint-Lô. . . . . . . . | 20 | » | » |

| | | | |
|---|---|---|---|
| Crépy-en-Valois. . . . . . | 20 | 65 | 95 |
| Dax. . . . . . . . . . . | 20 | 65 | M |
| Dijon. . . . . . . . . . | 21 | 65 | M |

*Bailliage secondaire de Dijon :*

| | | | |
|---|---|---|---|
| Auxonne . . . . . . . . | 21 | » | » |

| | | | |
|---|---|---|---|
| Dinan . . . . . . . . . . | 21 | » | M |
| Dôle. . . . . . . . . . . | M | 65 | 95 |
| Dorat (Basse-Marche). . . | M | M | 95 |
| Douai . . . . . . . . . . | R | 55 | 95 |
| Dourdan. . . . . . . . . | R | 66 | 95 |
| Draguignan . . . . . . . . | M | M | 95 |
| Étampes. . . . . . . . . | 21 | M | M |
| Évreux . . . . . . . . . | 21 | 66 | 97 |

*Bailliage secondaire d'Évreux :*

| | | | |
|---|---|---|---|
| Bernay . . . . . . . . . | 21 | » | » |

| | | | |
|---|---|---|---|
| Forcalquier . . . . . . . | » | » | » |

*Bailliage secondaire de Forcalquier :*

| | | | |
|---|---|---|---|
| Digne . . . . . . . . . . | 21 | 66 | 97 |
| Gex . . . . . . . . . . . | R | R | 97 |
| Gien. . . . . . . . . . . | » | » | » |

|  | Tiers-État. | Noblesse. | Clergé. |
|---|---|---|---|
| Saint-Girons. . . . . . . . | » | » | » |
| Grenoble. . . . . . . . . . | » | » | » |
| Guérande . . . . . . . . . | 22 | » | M |
| Guéret. . . . . . . . . . | 22 | 66 | R |
| Hagueneau . . . . . . . . | 22 | M | M |
| Hennebon. . . . . . . . | » | » | » |
| Saint-Jean d'Angély . . . | M | M | 97 |
| Langres. . . . . . . . . . | » | » | » |
| Lannion . . . . . . . . . | 22 | » | M |
| Laon. . . . . . . . . . . | 22 | 66 | 97 |
| Lectoure (Armagnac) . . | 22 | 67 | 98 |
| Lesneven . . . . . . . . . | 22 | » | M |
| Libourne . . . . . . . . | M | M | 98 |
| Lille. . . . . . . . . . . | 23 | 67 | 98 |
| Limoges. . . . . . . . . | M | R | 99 |
| Limoux . . . . . . . . . . | 23 | 67 | 99 |
| Lons-le-Saulnier (Aval) . | 23 | M | R |
| Loudun . . . . . . . . . . | R | 67 | R |
| Lyon. . . . . . . . . . . | 23 | 68 | 100 |
| Mâcon. . . . . . . . . . | 23 | M | M |
| Le Mans . . . . . . . . . | 24 | 68 | 100 |
| Mantes et Meulan. . . . . | 24 | 68 | 100 |
| Marseille . . . . . . . . . | 24 | 68 | 101 |
| Meaux. . . . . . . . . . | 24 | 69 | R |
| Melun et Moret. . . . . . | M | 69 | 102 |
| Mende. . . . . . . . . . | 24 | 69 | 102 |
| Metz. . . . . . . . . . . | 24 | 69 | 102 |
| Mirecourt . . . . . . . . | » | » | » |
| Montargis . . . . . . . . | 25 | 69 | 102 |
| Montbrison . . . . . . . | 25 | 70 | 103 |
| Mont-de-Marsan . . . . . | 25 | M | 103 |
| Montfort l'Amaury . . . . et Dreux . . . . . . . . | 25 | 70 | 103 |
| Montpellier . . . . . . . | 26 | 70 | 103 |
| Montreuil-sur-Mer . . . . | 26 | 70 | R |
| Morlaix . . . . . . . . . | M | » | M |

|  | Tiers-État. | Noblesse. | Clergé. |
|---|---|---|---|
| Moulins . . . . . . . . . . . | 26 | 71 | 103 |
| Muret . . . . . . . . . . . | 26 | M | M |
| Nancy . . . . . . . . . . | M | 71 | M |

*Bailliages secondaires de Nancy :*

|  | | | |
|---|---|---|---|
| Lunéville. . . . . . . . . | » | 71 | » |
| Nomeny . . . . . . . . | » | 71 | » |
| Nantes . . . . . . . . . . | 26 | » | 103 |
| Nemours . . . . . . . . . | M | 71 | M |
| Nérac. . . . . . . . . . | 26 | M | M |
| Nevers . . . . . . . . . . | 26 | 72 | M |
| Nîmes et Beaucaire. . . . | 27 | 72 | 104 |
| Orléans . . . . . . . . . | M | 72 | R |
| Saint-Palais (Navarre) . . | M | M | M |
| Pamiers (Foix) . . . . . . | 27 | 72 | M |
| Paris (*intra muros*) . . . | 27 | 72 | 104 |

## TIERS ÉTAT

### CAHIERS PRÉLIMINAIRES

*Quartier du Luxembourg :*

| | |
|---|---|
| Districts de l'Église de Saint-André-des-Arts. . . . . . . | 27 |
| des Grands Cordeliers. . . . . . . . . . . . . . . | 27 |
| des Carmes déchaussés . . . . . . . . . . . . . . | 27 |
| des Prémontrés . . . . . . . . . . . . . . . . . | 28 |

*Quartier du Palais-Royal :*

| | |
|---|---|
| Districts de l'Église Saint-Honoré . . . . . . . . . . . | R |
| Saint Roch . . . . . . . . . . . . . . . . . . . | 28 |
| des Jacobins . . . . . . . . . . . . . . . . . . | 28 |
| Saint-Philippe-du-Roule. . . . . . . . . . . . . . | 28 |

*Quartier Saint-Germain-des-Prés :*

| | |
|---|---|
| Districts de l'Abbaye Saint-Germain . . . . . . . . . . | 28 |
| de l'Église des Petits-Augustins . . . . . . . . . . | R |
| des Jacobins . . . . . . . . . . . . . . . . . . | 28 |
| des Théatins . . . . . . . . . . . . . . . . . . | R |

## NOBLESSE

### CAHIERS PRÉLIMINAIRES

---

*Paroisses de la vicomté de Paris :*

| | Tiers-État. | Noblesse | Clergé. |
|---|---|---|---|
| Châtres-en-Brie . . . . . . . | 34 | » | » |
| Chevreuse. . . . . . . . . . | 34 | » | » |
| Choisy-le-Roi . : . . . . . . | 34 | » | » |
| Clichy-la-Garenne. . . . . . | 34 | » | » |
| Épinay-sur-Orge. . . . . . . | 34 | » | » |
| Ferrières. . . . . . . . . . | 34 | » | » |
| Fleury-Mérogis . . . . . . . | 35 | » | » |
| Fontenay-en-Brie . . . . . . | 35 | » | » |
| Herblay . . , . . . . . . | 35 | » | » |
| La Houssaye . . . . . . . | 35 | » | » |
| Jouy en Josas. . . . . . . . | 35 | » | » |
| Juvisy. . . . . . . . . . . | 35 | » | » |
| La Magdeleine. . . . . . . | 35 | » | » |
| Liverdy . . . . . . . . . . | 35 | » | » |
| Luzarches. . . . . . . . . | 36 | » | » |
| Magny. . . . . . . . . . | 36 | » | » |
| Massy . . . . . . . . . . | 36 | » | » |
| Meudon . . . . . . . . . . | 36 | » | » |
| Montgeron. . . . . . . . . | 37 | » | » |
| Néauphle-le-Château . . . . | 37 | » | » |
| Neufmoutier. . . . . . . . | 37 | » | » |
| Neuilly-sur-Marne. . . . . . | 37 | » | » |
| Passy . . . . . . . . . . . | 37 | » | » |
| Le Pecq. . . . . . . . . . | 38 | » | » |
| Presle. . . . . . . . . . . | 38 | » | » |
| Ris . . . . . . . . . . . . | 38 | » | » |
| Ronores. . . . . . . . . . | 38 | » | » |
| Rosny. . . . . . . . . . . | 38 | » | » |
| Saclay. . . . . . . . . . . | 38 | » | » |
| Saint-Gratien . . . . . . . . | 38 | » | » |
| Tournan. . . . . . . . . . | 39 | » | » |
| Tremblay près Pontchartrain | 39 | » | » |
| Vauhalland . . . . . . . . | 39 | » | » |
| Vernouillet . . . . . . . . . | 39 | » | » |
| Verrières . . . . . . . . . | 39 | » | » |
| Versailles . . . . . . . . . | 39 | » | » |

| | Tiers-État. | Noblesse. | Clergé· |
|---|---|---|---|
| Villiers-le-Bel. . . . . . . | 40 | » | » |
| Vincennes .¦ . . . . . . . | 40 | » | » |
| Pau . . . . . . . . . . . . | » | » | » |
| Périgueux. . . . . . . . . | 40 | 76 | M |
| Péronne. . . . . . . . . . | 40 | 76 | 105 |
| Perpignan. . . . . . . . . | 40 | 76 | M |
| St-Pierre-le-Moustier. . . | 41 | M | M |

*Bailliage secondaire de St-Pierre-le-Moutier :*

| | | | |
|---|---|---|---|
| Cusset . . . . . . . . . | 41 | » | » |
| Ploermel . . . . . . . . | 41 | » | » |
| Poitiers. . . . . . . . . | 41 | 76 | 105 |
| Provins et Montereau . . | 41 | 77 | 105 |
| Puy en Velay. . . . . . . | 42 | M | 105 |
| Saint-Quentin. . . . . . | 42 | 79 | M |
| Le Quesnoy. . . . . . . . | M | 77 | M |
| Quimper . . . . . . . . . | 42 | » | M |
| Reims. . . . . . . . . . | 42 | 77 | 105 |
| Rennes . . . . . . . . . | 55 | » | M |
| Riom . . . . . . . . . . | 42 | 77 | 106 |
| La Rochelle . . . . . . . | 42 | 77 | M |

*Bailliage secondaire de La Rochelle :*

| | | | |
|---|---|---|---|
| Rochefort. . . . . . . . | 43 | » | » |
| Rodez. . . . . . . . . . | 43 | 77 | 106 |
| Romans . . . . . . . . . | » | » | » |

*Bailliage secondaire de Romans :*

| | | | |
|---|---|---|---|
| Vienne. . . . . . . . . | 43 | » | » |
| Rouen. . . . . . . . . . | 43 | 77 | 107 |

*Bailliages secondaires de Rouen :*

| | | | |
|---|---|---|---|
| Elbeuf . . . . . . . . . | 44 | » | » |

|  | Tiers-État. | Noblesse. | Clergé. |
|---|---|---|---|
| Pont de l'Arche . . . . | 44 | n | » |
| Pont l'Évêque : Paroisse de Saint-Waast . . . . | 44 | • | » |

### Bailliage secondaire de Saintes :

| | | | |
|---|---|---|---|
| Saintes . . . . . . . . . . | 44 | 79 | 107 |
| Chalais . . . . . . . . . | 66 | n | » |
| Sarreguemines . . . . . | M | 79 | 108 |

### Bailliages secondaires de Sarreguemines :

| | | | |
|---|---|---|---|
| Bouzonville . . . . . . . | » | » | 108 |
| Dieuze . . . . . . . . . | » | n | 108 |
| Lixheim . . . . . . . . | 45 | 79 | R |
| Saumur . . . . . . . . . | 45 | 79 | 109 |
| Sédan. . . . . . . . . . | R | M | M |

### Bailliage secondaire de Sédan :

| | | | |
|---|---|---|---|
| Mohon . . . . . . . . . | 45 | 80 | 109 |
| Semur-en-Auxois. . . . . | 46 | 80 | M |
| Senlis . . . . . . . . . | 46 | 80 | M |
| Sens et Villeneuve-le-Roi. | M | 80 | 109 |
| Sézanne. . . . . . . . . | M | 80 | R |
| Soissons. . . . . . . . . | » | » | » |
| Soule ou Mauléon . . . . | n | n | » |
| Strasbourg . . . . . . . | » | » | » |
| Tarbes . . . . . . . . . | 46 | M | R |
| Tartas ou Albret. . . . . | » | » | » |
| Toul . . . . . . . . . . | 46 | 80 | 109 |

### Bailliage secondaire de Toul :

| | | | |
|---|---|---|---|
| Vic . . . . . . . . . . . | 46 | R | 109 |
| Toulon . . . . . . . . . | 46 | M | M |
| Toulouse . . . . . . , . . | 47 | 81 | M |
| Tours . . . . . . . . . . | 47 | 81 | 110 |

| | Tiers-État | Noblesse. | Clergé. |
|---|---|---|---|
| Trévoux (Dombes). . . . | » | 81 | » |
| Troyes . . . . . . . . . . | 47 | 82 | R |
| Tulle . . . . . . . . . . . | 47 | 82 | 110 |
| Ustarizt. . . . . . . . . . | » | » | » |
| Valenciennes. . . . . . . | 47 | » | » |
| Vannes . . . . . . . . . | 47 | » | M |
| Vendôme. . . . . . . . . | 48 | 82 | 110 |
| Verdun. . . . . . . . . . . | M | 82 | 110 |
| Verdun (Rivière) . . . . . | 48 | 82 | 110 |
| Vesoul (Amont). . . . . . | 48 | 82 | 111 |
| Villefranche. . . . . . . . | 48 | 83 | R |
| Villefranche de Rouergue. | M | 83 | M |
| Villeneuve de Berg. . . . | » | 83 | » |
| Villers-Cotterets . . . . . | 49 | 83 | 111 |
| Vitry-le-François. . . . . | » | | » |

# TABLE DES MATIÈRES

FIN DE LA TABLE

Abbeville. — Imp. P. Briez.

www.ingramcontent.com/pod-product-compliance
Lightning Source LLC
Chambersburg PA
CBHW071846200326
41519CB00016B/4262